『十二五』国家重点出版物出版规划项目

第二次世界大战战场丛书

钱乘旦　庞绍堂／主编

陈志瑞　李季山　赵雪梅　黄亚红 ◎ 著

欧洲战场

华夏出版社

HUAXIA PUBLISHING HOUSE

图书在版编目（CIP）数据

欧洲战场 / 陈志瑞等著. —北京：华夏出版社，2015.1
（第二次世界大战战场丛书）
ISBN 978 - 7 - 5080 - 8289 - 9

Ⅰ.①欧… Ⅱ.①陈… Ⅲ.①第二次世界大战－史料－欧洲
Ⅳ.①K152

中国版本图书馆 CIP 数据核字(2014)第 265958 号

欧洲战场

作　　者　陈志瑞　李季山　赵雪梅　黄亚红
责任编辑　罗　庆

出版发行　**华夏出版社**
经　　销　新华书店
印　　刷　三河市兴达印务有限公司
装　　订　三河市兴达印务有限公司
版　　次　2015 年 1 月北京第 1 版
　　　　　2015 年 1 月北京第 1 次印刷
开　　本　670×970　1/16 开
印　　张　16.5
字　　数　184 千字
定　　价　34.00 元

华夏出版社　地址：北京市东直门外香河园北里 4 号　邮编：100028
网址:www.hxph.com.cn　电话：(010)64663331（转）
若发现本版图书有印装质量问题，请与我社营销中心联系调换。

总　序

钱乘旦

二十年之前,《第二次世界大战战场丛书》全套八册在当时任职中国青年出版社的潘平先生的支持下撰写完成,并收入由中国青少年基金会发起的公益项目希望书库中,由中国青年出版社和中国少年儿童出版社出版印行,由中国青少年发展基金会作为希望小学的课外阅读书籍与贫困地区的小学生们见面了。二十年之后的今天,原稿经过修改和补充即将由华夏出版社出版,作为对第二次世界大战结束七十周年的一束纪念。

二十年前我为这套书写了一篇序,时至今日再看此文,其中的基本判断居然都没有过时。首先,世界又维持了二十年的和平,而这二十年确确实实是以和平与发展为主题的;但人们未曾料到,战后的发展主要是新兴国家的发展,世界力量的平衡由此发生变化,五百年的西方优势正一点点消退,非西方国家经历着群体的复兴。如何面对新的世界格局,关系到战争与和平的重大问题;只有对各国的发展都"乐见其成",将其视为全人类的共同福音,才能对世界变化有正确的认识,而不致将人性中阴暗的一面付之于行动。

其次,苏联解体、两极世界瓦解后,这个世界不是更太平、而是更危险了,一个超级大国恣意妄为、随便改变现状的做法只使得这个世界狼烟四起,比任何时候都更接近于战争的边缘。和平维持了太长的时间，战争的记忆似乎已经遥远，年轻人只是在电脑游戏中接触战争场面，而那些游戏又确实把战争当成儿戏。这种时尚的"现代文化"隐藏着太多的隐患，人们需要尽早反思，不要让它泛滥成灾，而能够给人们带来真实的战争记忆、回想起第二次世界大战的巨大伤痛的，恰恰是真实地写出战争的历史，并永远记住它留下的历史教训。

第三，第二次世界大战是一场用正义战争打败非正义战争的大战，为打赢这场战争，世界人民付出了五千万人牺牲的代价，财产的损失不计其数。正气本应该长存，但出于偏见或意识形态，现在有些人却有意无意地抹杀二战的正义性质，混淆是非，把正义者说成邪恶，为邪恶者涂脂抹粉。人们对这场战争的记忆本来就在冲淡，而有意的歪曲和故意掩盖事实，无论出自何种动机，都只会助长邪恶。

作为"世界"大战，第二次世界大战在大半个地球激烈进行，其中一个主战场在中国。但长期以来英美话语控制了战争的诠释权，中国战场成了陪衬甚至消失在记忆中。我们这套书有意识地纠正了这种偏见，八册中有两册是专写中国战场的，一册写中国正面战场，另一册写中国敌后战场，两册合在一起，全面表现了波澜壮阔的中国抗日战争。二十年前还有人故意回避正面战场，今天我们都知道抗日战争是全中国人民的共同战争，是中华民族走向复兴的伟大胜利。中国抗日战争为世界反法西斯战争做出了重要贡献，这是永远不可忘记的。

所以说，二十年前的这些说法仍然有意义，因此在丛书正式出版时我将它全文刊出，作为全书的总序。

"希望书库" 版序言

钱乘旦　庞绍堂

第二次世界大战硝烟弭散，到现在已经五十年了。五十年前出生的那些人，如今也已经"知天命"，要年逾半百了。五十年来，尽管世界上狼烟未止，大大小小的战争始终不断，但全球性的大战总算没有打起来，出现了五十年难得的和平时期。五十年中，世界发展很快，物质生产的能力成倍增加，财富之增长居然破天荒第一次使居住在这个世界上的人不仅少数特殊人物可以享受优裕的生活，而且数量相当可观的普通人也能够分享其富裕了。许多地区已经习惯于和平与安宁，几代人都不知道战争是什么样；即使曾亲身经历过战争的人，战争也已成为遥远的过去。和平与发展是当代世界的主题，人们祈望着和平能世世代代维持下去，永无止境。

人们渴望和平，因为和平与幸福总是连在一起；人们痛恨战争，因为战争与苦难是同义语。很少有人不希望和平，而想要战争的；然而，战争又似乎是人类永远摆脱不掉的命运之阴云，笼罩着由希望之火点燃的历史之光。战争陪伴着人类的历史，乃至在官修的史书上，没有战争似乎就显示不出君王的伟大，没有征伐似乎就表现不了统治的英明。可悲的是，历史似乎也果真如此，还在我们的先民与巨野洪荒作斗争的时代，人类就被战争的梦魇时时纠缠，尽管豺狼虎豹凶狠地威胁着人类的生存，但人的不同族群之间却免不了要彼此厮杀，人的同类相斗充满了血腥气。文明降临之后，战争与历史一起进入文明，而且越来越自觉地利用文明的进步所造成的结果，从古希腊的青铜剑，到 20 世纪的激光导弹，哪一个历史阶段，不见证着武器的发展与完善，人类的多少智慧，被消耗在战争这门艺术上！当后人歌颂帝王的宏业、将军的伟绩时，似乎已经忘记了战争的残酷；有些人说，战争是文明发展的杠杆，没有战争，社会也就停止不前了。对此我们虽然不敢苟同，但同时又不得不承认：社会的发展有时的确需要战争来推动，比如：当新社会需要诞生、旧社会又不肯退去时，战争会帮助消灭旧社会；当邪恶势力张牙舞爪、剥夺千百万无辜人的生命与自由时，战争会帮助伸张正义，消灭邪恶；即使在并无正义与非正义之分，战争只是不开化人群的相互残杀或贪婪帝王们的争疆夺土时，它也会起到沟通文明、交流文化的作用，因为在工业化以前的时代里，地区间的联系极稀少，人们生活在封闭的地域里，很少有交流的机会，于是，战争作为一种残酷的沟通手段，居然也可以成为文明的载体！

但战争无论如何都是人性中丑陋一面的暴露。不管存在不存在正义的一方，战争都是由邪恶势力造成的。非正义的战争自不消说，它体现着统治者的贪婪、权欲和凶狠残暴；即使是正义的战争，也必然是在邪恶势力登峰造极、正义的力量不用战争作手段便不可铲除恶势力的前提下发生的。一场战争要么无正义与非正义可言，实际上双方都是非正义；要么一方是正义，另一方是非正义，于是战争首先由非正义一方挑起，正义一方为反抗、为生存，不得不奋起反击，拿起武器，向邪恶势力开战。

　　第二次世界大战就是一场典型的用正义战争打败非正义战争的大战，为打赢这场战争，全世界人民付出了五千万人牺牲的代价，战争的财产损失，估计达到四万亿美元。人类作出如此巨大的牺牲，仅仅是为了消灭人类历史上最邪恶的势力之———法西斯主义。痛定思痛，人们不禁会默然深思：难道一定要在热血和泪水中才能伸张永恒的正义吗？为什么不能在邪恶势力毒苗初露的时候就将它铲除，而一定要等它作恶多端、危害匪浅时才动员更大的人力和物力，去和它作本来可以轻易得多的斗争？第二次世界大战留给后人去深思的最深沉的，也许就是这个问题。

　　人类是不是还需要不断地经受战争的苦难？是不是只有用鲜血和生命才能捍卫真理和正义？也许正是带着这种迷茫，世界才走完了五十年艰难的和平历程。在纪念世界反法西斯战争胜利五十周年之际，我们却不可忘记：当上一次大战奠定的世界体系瓦解之后，我们这个世界又变得动荡不安了，两极控制世界的平衡状态已经被打破，新的战争根源有可能在混乱中产生。我们能否阻止新的战争？我们能否化解各种冲突？能不能在邪恶势力刚刚抬头的时候就遏止它、消灭它？这是摆在全世界人民面前的严峻考验。我们渴望和平，我们希望永远不再有战争，至少不再有全球性的世界大战。我们希望人类的理智已经成熟到这个程度，即人们将永远清醒地认识到：现代科学已经使人类具备了消灭自己的能力，世界的核武库可以把地球炸翻好几次。然而我们却不得不痛心地承认：战争曾一直与历史同在，我们不能保证人类的私欲永远不再助长邪恶势力的抬头，使之再次成为引发世界战争的根源。但即使如此，我们仍然深信：

正义会在战争中凯旋，因为人类在其本性中，天生就追求真理与正义！

第二次世界大战是波澜壮阔的，它高奏着振人心弦的英雄乐章，它为作家艺术家储藏了取之不尽的创作灵感，它为一代代后世人留下了长久永存的崇敬与深思，它为历史家提供了永不磨灭的史绩。然而，我们仍然希望它是人类历史上最后一次大战，铺设在人类脚下的，应该是永远的绿色和平之路。

让我们真诚地祝福和平永存。

1994 年 10 月于南京

引子 / 1

 一　战争阴云悄悄升起 / 5

 二　纳粹狂飙席卷欧洲 / 29

 三　命运之神在不列颠决战 / 55

 四　"我们是在同一条船上" / 73

 五　在秘密战线上 / 89

 六　燃烧中的"地狱烈火" / 117

 七　"痛击欧洲的软腹部" / 139

 八　突破"大西洋壁垒" / 165

 九　踏上解放欧洲之路 / 191

十　消灭法西斯 / 215

后记 / 239
欧洲战场大事记 / 241
主要参考书目 / 251

引　子

　　1918 年 11 月 11 日清晨 5 时，康边森林。林中的一块空地上，一列火车静静地停着。车内正经历一个伟大的历史时刻：德国不管部部长马提阿斯·艾尔兹贝格代表德国政府签署停战协定。随着德国政府代表的离去，上午 11 时，停战协定正式生效。第一次世界大战结束了。

　　一时间，巴黎、伦敦、华盛顿、罗马钟声齐鸣，一片欢腾。成千上万的人涌上街头，载歌载舞，欢庆胜利，欢庆和平。战争的梦魇终于过去了！

　　这场可怕的战争将世界推到了毁灭的边缘。全世界 1000 万人丧生，2000 万人受伤，难以数计的财富毁于战火之中，古老而充满活力的欧洲文明险遭灭顶之灾。法国，有 1357800 名军人战死沙场，4276000 人受伤，年轻人每 10 人中就有 1 人死亡；英国，伤亡3190235 人，其中有 408371 人死于战争；美国，伤亡 350000 人，其中 126000 人丧生。欧洲大片土地荒芜，城乡留下无数的废墟，处处浸渍着死亡将士的鲜血。人们走出战壕和掩体，抚摸着初愈的创伤，发出阵阵痛心疾首的呼喊：人类为什么要毁灭自己?!

值得庆幸的是，可怕的战争总算过去了。安静、舒适的和平生活重返人间。人们渴望早日治愈战争创伤，永享千年不易的和平。1919年1月18日，各战胜国代表聚集巴黎，商讨战后安排，希望这个安排能使和平永驻人间。

巴黎和会开了5个多月。在法国人看来，必须严惩德国，把它削弱到日后无再战之力的程度，非如此则不能确保持久和平——自1812年以来，蜂拥般的日耳曼大军曾4次入侵法国，对法国造成巨大威胁；尽管现在法国胜利了，但仍然心有余悸，害怕德国有朝一日会卷土重来，重启战端。英国人则认为，对德国过分严厉，只会加深德国的仇恨，而德国如果心怀大恨，那么新的战争就难以避免。英国人还担心，德国太弱会造成法国单独控制欧洲大陆的局面，对英国反而不利。因此，英国不主张过分削弱德国。美国总统威尔逊是一个理想主义者，他确信只有自己的"十四点纲领"才能为欧洲带来持久和平。他主张建立一个国际组织，由几个大国起主导作用，用它来有效地解决国际争端，保障世界和平。意大利和日本主要关注与自己切身利益有关的问题。意大利要求将阜姆、达尔马提亚等地区划归己有，并企图在巴尔干和东非扩展势力。日本希望在亚洲和太平洋岛屿上扩展领土，取得它"战胜国"的分赃品。五大国围绕战后安排问题争执激烈，相持不下。经过近6个月的讨价还价，巴黎和约才在1919年6月28日有了结果。这天，各国代表齐聚巴黎凡尔赛宫的镜厅，签署了对德和约——《凡尔赛和约》。

《凡尔赛和约》建立了威尔逊所希望的国际组织——"国际联盟"，以维护世界和平。

和约对欧洲领土作了调整。德国丧失八分之一的领土、十分之一的人口。

为防止德国再次入侵西欧，和约规定：莱茵河左岸的德国边境地区由协约国占领 15 年，右岸 50 公里内不得设防。

德国的军备受到和约的严格限制：解散总参谋部以拔除策划战争的首脑机构；废除普遍义务兵役制以毁其战争兵源。陆军规模限制在 10 万人以内，不许拥有空军、坦克和重炮、毒气等；海军不得配备主力舰和潜艇，舰只以 36 艘为限。

战争赔款问题未能在和约中彻底解决，只说 1924 年 5 月 1 日前以黄金、船只、商品和有价证券等先交付 200 亿金马克。

和约还将德国殖民地悉数剥夺，交给国际联盟处理。

继《凡尔赛和约》之后，各国又签订了对奥地利的《圣·日耳曼条约》、对匈牙利的《纳伊条约》、对保加利亚的《特里亚农条约》、对土耳其的《色佛尔条约》。至此，战后的安排总算完成了。

这以后，美国认为自己已完成在欧洲的义务，不愿卷入日后的欧洲纷争，就缩回到孤立主义的硬壳之内，独享美洲和平去了。欧洲大多数心地善良的人祈祷战争永不再来，盼望来之不易的和平青春永在。

经过战后几年的动荡，和平女神似乎对欧洲绽开了迷人的笑脸。1925 年 10 月，英、法、德、意、比、波、捷等国代表在洛迦诺召开会议，签订了叫作《洛迦诺公约》的一些协议。在风景如画的瑞士小城洛迦诺，各国代表相聚一堂，共商欧洲和平大计，气氛友好，关系融洽。法国外长白里安和德国外长施特雷泽曼甚至还泛舟湖上，度假般地轻松交谈。这两个世代为仇的欧洲国家，似乎要化干戈为玉帛、永结秦晋之好了。随着《洛迦诺公约》的问世，洛迦诺精神，即和解、和平的精神诞生了。各国都说要忘掉前仇，共建持久和平。人们无不陶醉于醇香的和平美酒之中。1928 年 8 月 27 日，各国又签订"非战公约"，使欧洲再浴和平春风。非战公约宣布：永不再战，以协商和仲裁的方法解决各国争端。1926 年，白里安和施特雷泽曼双双荣获诺贝尔和平奖。到处洋溢着祥和的欢乐气氛，橄榄枝似乎将岁久弥壮，千年繁盛。

但是，就在人们憧憬千年和平、为和平而欢欣鼓舞之际，一些目光锐利的人却在不寒而栗。他们想起了福煦元帅 1919 年的不祥预言：这不是和平，这是 20 年的休战！

这简直是耸人听闻！战争是那么可怕，和平是如此美好，谁会热衷于战争而破坏和平呢？渴望和平并正在享受和平生活的善良人们不相信福煦元帅的预言。他们生活在和平永驻的美好幻想中。

然而，战争的毒瘤确实在无情地生长；一片战争阴云，正在人们对和平殷切的祝福中悄悄地升起……

一

战争阴云悄悄升起

　　1919 年 9 月的一天，意大利狂热的民族主义诗人邓南遮率领一帮武装人员袭击了意大利和南斯拉夫交界处的阜姆城。这股武装名叫"阿迪蒂"，它不受意大利政府指挥，而是邓南遮自己召集的军队。这次袭击是第一次世界大战结束后第一个以武力向巴黎和会创造的和平发起的挑战行动，它距巴黎和会结束还不到 3 个月。阜姆是亚得里亚海边的一座海港城市，意大利和南斯拉夫都对它提出主权要求。意大利在 1915 年曾得到英、法的许诺：假若它加入协约国对德奥等国开战，就可以在战后得到阜姆。但是，战争结束后，阜姆并没有划归意大利，而是辟为自由港。意大利一直想得到的达尔马提亚地区和非洲殖民地也均告落空。战争中，意大利伤亡 68 万人；战后外交的失败使意大利民族扩张主义受到打击，感到上了英、法两国的当。阜姆事件正是狂热民族主义者对外交失败的反应。但这件事并没有引起国际社会的重视，没有多少人把这个不太起眼的小风波看作是威胁战后和平的大事。的确，邓南遮的小股武装力量无论怎样狂热好斗，终归是难成什么气候的。

但是，在邓南遮背后，却有一个人足以把亚平宁半岛搅得天翻地覆。这个人就是墨索里尼。1919 年 3 月，墨索里尼网罗 150 多个党羽在米兰组织了一个"战斗的法西斯党"。法西斯一词产生在古罗马，指的是古罗马执政官外出时，随从们肩上扛的一束棒子插一把斧头，象征执政官的无比权威。墨索里尼在法西斯党的党徽上就画着这种棒子加斧头，按照他们的解释，棒子是人民，斧头是领袖，两者合在一起就是人民要绝对服从领袖。起初，墨索里尼为自己的党确定如下宗旨："用军队的组织，组成一个革命团体，恢复意大利固有的国性，铲除赤化势力。"这句话是什么意思？就是把国家变成军队，用它去征讨四方。古罗马的情形就是这样，墨索里尼所要恢复的"国性"，就是古罗马帝国的国家军队加武力征服。在"战斗的法西斯党"那里，"信仰、服从、战斗"是它的口号。墨索里尼满脑子征伐野心，一心要恢复古罗马帝国的雄风，他立志要做恺撒那样的独裁者，用意大利人民的鲜血去实现他的帝国之梦。集合在法西斯旗帜下的多数是好战的极端民族主义者。大战结束之后，意大利有 250 万退伍军人，这些人职业没有着落，生活无所指靠，对政府十分不满。作为战胜国，意大利没有得到想要的东西；退伍军人觉得自己的血白流了，怒气冲天，墨索里尼在退伍军人中找到了最好的欺骗宣传对象，因此，退伍军人成了法西斯运动的主要参加者。这些人经历过战争，易于组织，敢于冒险，破坏力很大。墨索里尼自己也参加过大战，曾经在战斗中负伤。他利用这种资本，把自己打扮成退伍军人的代言人，处处以退伍军人的战友自居，借以笼络人心。

1919 年 11 月 6 日，意大利战后的首次大选揭晓，墨索里尼一败涂地，法西斯党的候选人无一当选。在大选中，法西斯党曾使出浑身解数，又是宣传，又是恐吓，却一无所获，这无疑给墨索里尼及法西斯党当头浇了一盆冷水。但墨索里尼并不灰心，他一面在他主办的报纸《意大利人民报》上更加起劲地咒骂政府丧权辱国，软弱无能，一面更多地诉诸暴力。1920 年 1 月，罗马爆发了大规模的游行示威，要求政府收回阜姆和达尔马提亚。意大利共产党和社会党抓住时机，发动革命运动。工人们响应这两个党的号召，纷纷罢工，上街游行，占领了许多工厂。

　　紧张的局势为墨索里尼提供了施暴逞威的机会。他让法西斯党徒身着黑衫，手持木棍，在大街上横冲直撞，殴打共产党人和社会党人，这些法西斯武装党徒被人称为黑衫军。黑衫军的战斗小分队四处出没，袭击罢工群众，其别动队则专门袭击工会、共产党和社会党机构。一次，一伙别动队员冲进社会党机关报《前进报》的办公大楼，放火把报馆烧个精光。1921 年，新的大选来临，法西斯党徒到处扬言：谁不投法西斯党的票，就不会有好下场。他们把反对法西斯的人活活打死，有时给反对者灌蓖麻油。墨索里尼的暴力政策果然奏效，许多人慑于淫威，只能屈从；有些人还向法西斯党交纳赞助金，以求安全。选举结果，法西斯党在 535 个众院议席中获得 35 个，在国会中有了一定力量，墨索里尼说话也就愈加肆无忌惮。1922 年春，他说："19 世纪，人人口中，无一不说民治。现在的口号，应当改为少数贤明者治国。……欧洲再向民治方面走，将愈走愈糟，只有革命才能救国。"墨索里尼的这些话公开表示，他要废除民主政体，实行极权主义的法西斯独裁，他决心利用黑衫军武力夺取政权。

到 1922 年 11 月，法西斯党已经有 50 万名武装党徒了，这些党徒大多是退伍军人，其中一部分还是现役军人和军官。1922 年 9 月，墨索里尼组建法西斯武装最高司令部。10 月 20 日夜，墨索里尼密令全国党徒总动员，法西斯武装最高司令部同时向全国党徒发布命令，宣布进军罗马。墨索里尼将黑衫军兵分四路，沿第勒尼安海岸向罗马推进，沿途将占领各城市邮电局、政府部门、警察局、火车站、兵营等重要设施。法西斯党四巨头比昂基、巴尔博、韦基、博基分任各路军指挥官。10 月 24 日，墨索里尼在那不勒斯召开法西斯党代表大会，进行最后的动员。会上，墨索里尼说，如果不能和平取得政权，就应该带兵去罗马清除奸贼，用武力夺取政权。会场上，党代表们击掌跺脚，狂呼乱叫："到罗马去！到罗马去！跟我们的领袖到罗马去！"

10 月 27 日，墨索里尼以四军团总指挥的名义发表了《革命宣言》："法西斯蒂！全意大利！我们决战的时刻到了！在四年前的这个时候，我们的军队取得了欧战的最后胜利。今日，黑衫党要进军罗马，将这一胜利再献给这座历史名城。自今日起，法西斯宣布临时戒严，所有军事的、政治的、行政的职务，都由四军团负责人以独裁的形式指挥。"墨索里尼发表宣言的当天，10 万黑衫军分四路从各处开始进军行动。27 日晚，克雷莫纳、亚历山大里亚、波伦亚已落入黑衫军之手。军队和警察未放一枪一炮，任黑衫军肆意行动。

28 日凌晨不久，政府内阁首相法克达决定采取行动镇压叛乱，大臣们一致建议请国王动用军队，罗马驻军司令普格利斯将军则保证，他能在几小时内粉碎叛乱。凌晨 2 点左右，埃曼努埃尔国王同意宣布全国处于紧急状态，批准动用军队实行军管。早上，军队出

墨索里尼率法西斯党徒向罗马进军

动，前去镇压叛乱。黑衫军尽管气焰嚣张，毕竟不是正规军的对手。军队一到，他们未作任何抵抗，就退出了已占领的建筑物。四指挥官之一的韦基甚至宣布，他将服从国王，除掉墨索里尼。在米兰，军队起草了逮捕墨索里尼的命令，接管了该市。上午6时，墨索里尼来到他在米兰的办公室。看来，他已经在劫难逃。然而，米兰行政长官路希诺利被法西斯党徒收买，未执行逮捕令。恰在此时，埃曼努埃尔国王改变了态度，拒绝签署他已经同意的军管令，这一下就使形势骤变，法克达首相失去了控制局势的能力。

29日下午，国王办公处打电话给在米兰的墨索里尼，请他到罗马亲见国王，商谈组阁事宜。原来，埃曼努埃尔听信一亲信之言，认为法克达无力镇压叛乱，军队打不过黑衫军，无法阻挡它攻占罗马，于是，干脆将内阁交给墨索里尼。就这样，墨索里尼政变成功，成了意大利王国的首相，法西斯主义统治了意大利。

不久之后，墨索里尼着手建立法西斯独裁。已遣散和准备遣散的黑衫军被改编为保安团，奉命随时制造街头恐怖、打击反对派。国家的普通警察、皇家警备军、政府御卫队被合并、改编，交由黑衫党指挥。为了控制议会，墨索里尼建立了一个所谓"大议会"，负责为议会起草报告、文件和各种动议，对议会进行指导。这个大议会几乎由清一色的法西斯党徒组成。1924年春，墨索里尼宣布解散议会，新的大选在4月6日举行。由于使用威胁、欺骗，特别是用暴力迫害反对派等手段，法西斯党获得五分之三的选票，控制了议会。此后，他逐渐取缔了所有的党派，只留下法西斯党一党专政；他还取消公民集会和结社自由，控制新闻、出版；取消工会，代之以法西斯党控制的"社团"。这样，一个法西斯独裁的政权就在意大利建立起来了，欧洲第一个战争策源地也随之产生。

墨索里尼的目标是重振古罗马雄风，把意大利建成地中海帝国，为此，就需要不断向外侵略扩张。他上台不久，意大利就出兵攻占希腊的科孚岛；随后，意大利军队开进阜姆。但墨索里尼的真正目标在非洲，他想在东非建立一个庞大的殖民帝国。巴尔干半岛当然是他垂涎的目标，但在欧洲相对安稳的情况下，意大利无力夺取，只能留待时机成熟再动手。于是，他先在弱小的非洲国家下手。意大利对非洲的阿比西尼亚垂涎已久，墨索里尼因此决定从阿比西尼亚（现埃塞俄比亚）开始其侵略行动。消灭独立的阿比西尼亚，就可以使意大利控制的厄立特里亚和意属索马里与之连成一片，从而控制整个东北非洲。

入侵阿比西尼亚的战争从 1934 年开始。当年秋天，意大利开始向厄立特里亚和意属索马里运送飞机、坦克、大炮等重武器。12 月 5 日，意军从意属索马里向阿比西尼亚的瓦尔瓦尔进攻。意军在坦克、飞机、大炮的支持下，全力进攻，但瓦尔瓦尔地区山多林密，易守难攻。阿比西尼亚军队凭借山林掩护，用长矛、大刀抗击意军，机动灵活地进行抵抗。意军重武器开火时，阿军就躲进密林，一俟意大利步兵攻击，埋伏在山林里的阿军就突然冲出，近距离与意军展开肉搏，杀伤杀死意军 2300 多人。1935 年 1 月，墨索里尼任命德波诺将军为东非意军总司令，并拨调 30 万兵力归其指挥。1935 年 10 月 3 日，德波诺指挥 30 万大军侵入阿比西尼亚。阿国在海尔·塞拉西皇帝领导下奋起抵抗，多次重创意军。11 月，墨索里尼撤换德波诺，任命巴多格里奥将军担任东非意军总司令。这以后，意军开始逐渐占上风。他们的飞机不分军民，到处扔炸弹；有时，意大利军队还使用毒气攻击阿军，致使 27.5 万多名阿比西尼亚人中毒死亡。1936 年 5 月 5 日，阿比西尼亚首都亚的斯亚贝巴陷落，塞拉西皇帝流亡英国。墨索里尼成功地迈出了侵略的第一步。此后，他把目光转向英、法控制下的北非，对英、法在非洲的存在构成严重威胁。

如果说英、法相当强大，并不把墨索里尼放在眼里，那么另一个战争狂人的出现终于使整个欧洲惊恐不安。意大利毕竟是个二流国家，国力、军力都相当不济。德国则处于欧洲的心脏地带，这个国家一系列惊人的事变终于把欧洲乃至全世界拖进了又一场旷日持久的残酷战争中去。

德国对凡尔赛和约十分不满。1919 年 5 月 12 日，德国政府要员谢德曼对示威反对和约的人群说："让那些想要签署和约的手尽早烂掉吧！"谢德曼是社会民主党领袖，曾参与领导推翻第二帝国的 11 月革命，是魏玛共和国的缔造者之一，担任过魏玛共和国的第一任总理。但他在 1919 年以不能接受《凡尔赛和约》为理由辞去了总理职务。如果说连社会民主党领袖都反对《凡尔赛和约》，那么在德国就很难找到几个拥护《凡尔赛和约》的人了。《凡尔赛和约》的苛刻条件极大地挫伤了德国人的自尊心，他们把和约称为"奴隶和约"、"凡尔赛枷锁"。最令德国人不满的是天文数字般的战争赔款——战争已把国家搞得民穷财尽，无休止的赔款则更是雪上加霜。大多数德国家庭为搞到糊口的面包四处奔波，他们很不愿看到德国资源作为战争赔款被法、比、英等国拿走。他们没有看到本国的军国主义集团也是造成苦难的一个原因，从某种意义上说还是苦难的根本原因。相反，他们的情绪被军国主义集团利用了。军国主义者煽动他们的不满，使战后德国充满了民族复仇的怨恨。

就在这不满的沃土中，滋生着战争的毒瘤。希特勒及纳粹党徒就是毒杀欧洲和平的毒瘤。1920年，希特勒参加一个小小的政治团体"德国工人党"，将它改名为"国家社会主义工人党"（简称"纳粹"），为它制订了25点纲领。在纲领中，希特勒一方面宣扬"社会主义"，就是国家控制一切；一方面宣传民族复仇，反对凡尔赛和约，鼓吹建立所有日耳曼人统一的大德意志国家。这意味着，德国不仅要恢复第一次世界大战以前的全部领土主权，还要把奥地利、捷克、波兰这些有德国人居住的国家与地区全都包括到大德意志范围之中来。如果当时其他国家的政治家认真地对待希特勒的纲领，第二次世界大战也许不会爆发了。但所有的人都把希特勒看成是一个夸大狂，谁也没有料到，希特勒和他那个小小的纳粹党，在不长的时间内就能把德国变成人类历史上最可怕的战争策源地。

墨索里尼的成功使希特勒激动不已，他立刻就想效仿那位法西斯领袖的做法。1923年11月8日，希特勒在德国巴伐利亚邦首府慕尼黑发动了"啤酒馆政变"。这天晚上，巴伐利亚最高行政长官卡尔应邀在贝格勃劳凯啤酒馆演讲。出席这次集会的还有驻巴伐利亚国防军司令洛索夫将军和巴伐利亚警察局长赛塞尔上校。晚上8点45分左右，希特勒率领纳粹武装"冲锋队"包围啤酒馆，在门口架起一挺机关枪。紧接着，希特勒冲进大厅。他跳上一张桌子，拔出手枪朝天花板上开了一枪。此时，卡尔正在讲台上演说，突如其来的事变使他顿时哑口无言，3000名听众也都惊呆了。希特勒开枪后旋即跳下桌子，在两名保镖护卫下走向讲台。一名警察上前阻止，希特勒持枪对着这名警察，迫其后退，然后继续向前。卡尔吓得魂飞魄散，战战兢兢退下讲台。希特勒登上讲台，大声喊道："全国革命已经开始了！……巴伐利亚政府和全国政府已被推翻，临时全国政府已经成立，……军队和警察已在卐旗下向市内挺进。"然后，冲锋队按希特勒的命令，把卡尔、洛索夫和赛塞尔推向后台。在后台密室里，希特勒用手枪威逼这三个人与他"一起革命"，谁不服从，就休想活着出去。但三个人都不肯和希特勒一起干，希特勒无法，就径直走进大厅，宣布卡尔等三人已同他一起组成新的全国政府，大厅内一阵骚动，不一会儿，战争时期的英雄鲁登道夫将军来到啤酒馆，他是希特勒动员前来参加"革命"的。大厅内的群众见鲁登道夫也来参加"革命"，顿时激动起来，许多人跳上桌子连声欢呼。卡尔、洛索夫和赛塞尔也改变了态度，表示愿意与鲁登道夫一起行动。希特勒得意扬扬，权力的宝座似乎已在向他招手。后来，他把啤酒馆交给鲁登道夫，自己到外面去处理其他事情。待他回到啤酒馆，事态已经变了：鲁登道夫已将卡尔、洛索夫和赛塞尔放走。原来，鲁登道夫听信了卡尔等三人的话，这三人说，他们要去岗位上执行"革命"任务，鲁登道夫同意了。卡尔一逃脱，马上张贴告示，宣布他和洛索夫、赛塞尔被迫发表的声明无效，并下令解散纳粹党。

政变的消息迅速传到柏林，镇压叛乱的命令立即传回慕尼黑。慕尼黑警察和陆军奉命开始镇压。11 月 9 日上午 11 点左右，希特勒和鲁登道夫率领约 3000 人的冲锋队从啤酒馆向市中心进发，一面卐字旗在队伍最前面开道，后面跟着一辆卡车，卡车上架着一挺机关枪。冲锋队员们肩挎马枪，希特勒也握着一支手枪。队伍最后面押着几名人质。12 点左右，队伍来到市中心，遇到了 100 余名守卫的警察。希特勒的一个卫士跑上前叫道："别开枪，带队的是鲁登道夫阁下！"希特勒跟着叫喊："投降吧！投降吧！"但鲁登道夫的大名并不管用，警察们毫不退让。突然，不知谁开了一枪。顿时，双方枪声大作。16 名纳粹党人中弹倒地，3 名警察也被击中。希特勒吓得脸色发黄，急忙卧倒在地。枪声一停，希特勒第一个爬起来向后飞跑，其他纳粹党人也随之狂奔而逃。只有鲁登道夫及其副官面无惧色，继续昂首挺胸向前走。但是，事情的大局已定，鲁登道夫的勇敢并不能挽救失败的命运。不久，希特勒被捕，"啤酒馆政变"成为一场闹剧。

希特勒虽然身陷囹圄，但丝毫不认输。他在狱中写了一本叫《我的奋斗》的书，这是纳粹党徒的圣经。希特勒在书中说，日耳曼人是世界上最优秀的种族，应该主宰世界。为此，不仅要使战败的德国在阳光下占有比以前更多的地盘，而且要建立一个以种族为基础的新国家——那是一个新帝国，是"第三帝国"（第一次世界大战击垮的是"第二帝国"），它必须打败法国，必须把所有日耳曼人包括在内。"第三帝国"不能允许"民主政治那种无聊的玩意儿"，它应该实行独裁。《我的奋斗》实际上把希特勒以后要做的事全都写进去了。可悲的是，它还是没有引起足够的重视，甚至在希特勒登上德国总理的宝座后，世界政治家们仍把它看成是希特勒的胡言乱语。

1924 年底，希特勒假释出狱，很快把注意力放到党的组织工作上去。他非常重视发展纳粹党的武装团体，冲锋队变成了一个拥有几十万人的武装力量。1925 年 4 月，希特勒又在冲锋队内部组建了一支更机密、更精锐的部队：党卫军。这支武装的主要任务是保卫希特勒本人，从事针对政府和其他政党的特务工作。经过希特勒几年的精心经营，纳粹党很快成为一个国中之国。

以纳粹党为资本，希特勒向国家的最高权力问鼎。他有两付"撒手锏"，一是欺骗宣传，二是恐怖威胁。每当纳粹党集合，希特勒就唾沫横飞、慷慨陈词；冲锋队则或持木棍或荷枪实弹，在会场上滥施淫威，殴打胆敢反对他们的人。当共产党和社会民主党等其他党派召集会议时，冲锋队就寻衅闹事，冲击会场。这两个"撒手锏"极大地帮助了纳粹党发展，到1928年，纳粹党已有10万多党员，并在同年全国议会选举中得到81万张选票，12个议席。

1929年10月29日，美国证券交易所股票暴跌，全世界爆发前所未有的经济大危机。德国经济很快崩溃，成千上万的小企业倒闭，成百万工人失业。庞大的中下层阶级陷入困境，德国人陷入更深的灾难深渊。人民的苦难成了希特勒的千载良机，他说，他一生中从来没有这么满意过，因为"残酷的现实打开了千百万德国人的眼睛"。他把自己打扮成救世主，声称苦难是万恶的凡尔赛和约和共和政府造成的，要想走出深渊，就必须废除凡尔赛和约，让纳粹党掌权。1930年秋，德国议会举行大选，希特勒许下诺言：给工业以繁荣，给军界以武器，给失业者以工作，给赤贫者以面包。希特勒的宣传很有效果，大选揭晓后，纳粹党获650万张选票、107个国会议席，成为全国的第二大党。1932年7月，纳粹在大选中再次得手，获得1374万张选票，230个议席，一跃成为全国第一大党。半年之后，1933年1月30日，原第二帝国元帅、现任德国总统兴登堡任命希特勒为政府总理。这天黄昏到午夜，乐极忘形的冲锋队在柏林街头举行盛大的火炬游行。火炬组成的火流在柏林大街上流动，如火山的岩浆。到处军乐声起，军鼓咚咚，冲锋队脚蹬马靴，发出咔嚓咔嚓的声音。希特勒站在总理府一扇打开的窗户前，昂首挺胸，伸直右臂，向游行队伍行纳粹礼。不久之后，他在普鲁士国王腓特烈大帝的陵墓前宣布成立"第三帝国"。这对全世界都是个不祥之兆，因为从腓特烈大帝开始，普鲁士走上了漫长的军国主义扩张道路，到19世纪70年代发展成"德意志帝国"，即被第一次世界大战所击溃的"第二帝国"。希特勒现在重温帝国旧梦，其寓意所在岂不是昭然若揭！

从此后，希特勒就开始了全面控制国家权力的行动。这时候，冲锋队是他的忠实工具。冲锋队是由没有工作的市民无赖组成的，烧杀抢掠，什么坏事都做得出来。在希特勒指使下，冲锋队打砸其他政党的办事机构，殴打其他政党的政治领袖；其他党派召集会议，冲锋队就去捣乱；有人公开发表反纳粹言论，冲锋队就一定要给他一个深刻的"教训"。有一次，冲锋队把天主教工会领导人施特格瓦德打得鼻青脸肿；再有一次，前总理勃鲁宁竟不能幸免棍棒的恐吓，不得不寻求警察保护。为消灭德国共产党，纳粹制造了国会大厦纵火案。1933年2月27日，柏林的国会大厦突然起火。希特勒政府立即指控共产党放火焚烧国会大厦，借机对共产党、社会民主党大举镇压。满车满车的冲锋队开始在各城市横冲直撞，大肆逮捕共产党人。大约有4000名共产党人被抓走，社会民主党和自由主义领导人也同样不可逃脱。实际上是2月27日那天夜里，柏林冲锋队队长恩斯特带领一帮人从地道潜入国会大厦，在地上洒上许多汽油和其他易燃物品纵火的。以国会纵火案为借口，希特勒政府颁布紧急状态法，取消了一切公民自由。3月24日，纳粹控制的国会通过授权法，将国家的立法权、宪法修正权、缔约权等全权交给希特勒个人行使4

18

年之久。在通过授权法的会场——克罗尔歌剧院外面，成群结队的冲锋队不断高呼："交出全部权力！交出全部权力！"投票结果一出来，纳粹党议员立即跳起来，跺脚不止，与会场外的冲锋队员一同高唱冲锋队队歌。

接下来，希特勒决心控制军队，而这样做，就要用他自己的冲锋队做牺牲品。德国国防军是一支专业精神很强的军队，不愿受外部势力的控制。国防军与冲锋队之间多次发生冲突，冲锋队从来不把国防军放在眼里，不仅为所欲为，不受管束，而且处处侵犯军方的特权。此外，冲锋队头目罗姆已构成对希特勒本人的威胁，因为冲锋队已发展成一支拥有 25 万人的庞大武装力量。1934 年 6 月 30日，希特勒亲自指挥消灭冲锋队的行动。罗姆等 150 余名冲锋队头领被杀，曾担任过德国总理的施莱彻尔将军以及镇压过"啤酒馆政变"的巴伐利亚行政长官卡尔也遭杀害。有些无辜的人也惨遭厄运，著名音乐评论家施密特博士遇害，只因为他和一个冲锋队队长同名同姓。

消灭冲锋队使希特勒第一次得到国防军的好感。这以后，希特勒又用违反《凡尔赛和约》、暗自扩军备战的方法取得了军方的信任。在希特勒指使下，德国在 1933 年 10 月退出国际联盟和日内瓦裁军会议；1935 年 3 月 16 日，它单方面宣布恢复普遍义务兵役制，将国防军编制从 10 万人扩充为 50 万人。同时，以克虏伯工厂为首的德国军火业夜以继日地生产最先进的军事设备，空军扩建也明目张胆地加速进行，庞大的海军造船计划付诸实施，潜水艇建造尤其受到重视。纳粹德国的这些行为是公开地向《凡尔赛和约》挑战，但当时占有军事优势的英、法两国却没有予以坚决回击。英国甚至觉得《凡尔赛和约》亏待了德国，因此对希特勒的扩军备战予以默认。英、法的这种态度给希特勒壮了胆，他于是开始了扩张侵略的冒险旅程。

但希特勒的第一步走得很谨慎，那完全是一次试探性的行动，目标是莱茵兰地区。莱茵兰地区在莱茵河西岸，与德国、荷兰、比利时、卢森堡等国交界，历来是德国与西欧国家间的进出门户。第一次世界大战之后，西欧国家为了在自己边境上构筑一道安全屏障，规定莱茵兰成为永久性非军事区，也就是拔掉德国向西欧侵略的桥头堡。莱茵兰非军事区象征着德国的战败和弱小，因此，希特勒决定先从这里动手，以煽动国人的民族情绪，同时把国际上的反对势力减为最小。但希特勒对英、法两国的优势军力十分担心，生怕英、法为维护凡尔赛和约的条款，对德国发动大规模反击。所以，他只派出了 3 个营兵力，打算在莱茵兰虚晃一枪，风声略有不对，就可立即撤回。所以，他这次行动，只想试试英、法反侵略决心的深浅而已。

1936 年 3 月 7 日凌晨，3 营德国步兵只装备着轻武器如步枪、迫击炮之类，乘着夜色掩护，悄悄跨过莱茵河，进入非军事区。然后，他们兵分三路，分别向亚琛、特里尔和萨尔布鲁根三个城市进发，一路上未受任何阻挡。这以后，又有一些后继部队携带少量重型武器进入非军事区，到 3 月 7 日晚，军事行动基本结束。德军未发一枪一炮就占领了整个莱茵兰。法军当时在边界地带部署着 13 个陆军师，要赶出这几个营的德国步兵，就像是大象踩死蚂蚁，不过是例行的警察行动而已。但法国政府不敢行动，法军总参谋长甘默林对政府说，要反击德军入侵就必须实行全国总动员。法国寻求英国支持，但英国政府不赞成采取军事行动。法国害怕单独作战，只好眼睁睁看着莱茵兰被德军占领。希特勒的第一次冒险居然成功了！根据后来透露的历史记载看，希特勒当时定下命令：一旦法国进行反击，德军就应该立即撤回；而如果希特勒的第一次赌博失败的话，他能否保住他的总理宝座就很难说了！

但希特勒的成功使他在德国成了英雄，德国人痛恨凡尔赛和约，他们现在觉得，希特勒能够带领他们恢复往日的"光荣"。德国国防军也心甘情愿地接受他的指挥了，从此后，希特勒就可以利用这支军队去实现他建立欧洲帝国的野心。但希特勒并没有忘记欺骗世界舆论，就在德国军队跨过莱茵河进入莱茵兰之后两个小时，希特勒登上国会讲坛说："我们宣誓：在恢复我们民族光荣的时候决不屈服于任何力量……我们保证：我们现在比任何时候更努力地求得欧洲各国人民之间的谅解，……我们在欧洲没有领土要求！……德国将永远不会破坏和平！"

就在希特勒高唱和平经的时候，他的战争决心却已下定。1937年11月5日，他召集军政要人开会，说明未来的战争计划。他说，德国问题只能以武力解决，而且必须尽快动手。由于各国都在重整军备，所以最迟应该在1943~1945年解决德国的"生存空间"。他的计划是：如果法国因内讧而发展成严重的政治危机，德国就应该对捷克斯洛伐克动手；如果法国卷入对另一个国家的战争，德国就同时拿下捷克斯洛伐克和奥地利。在此之前，德军参谋部的作战方案已经制订好了：一、红色方案：东、西两线同时进行战争，以西线为主，法国为主要敌人；二、绿色方案：东、西两线同时进行战争，但以东方为主，消灭捷克斯洛伐克；三、奥托特别方案：武装入侵奥地利；四、理查德特别方案：与人民阵线领导的西班牙发生战争；五、绿色和红色方案延伸：与英国、波兰、立陶宛发生战争。

1938 年，希特勒执行奥托特别方案和绿色方案。

奥地利是一个德语国家，绝大多数居民属日耳曼人。奥地利历史上曾经是"德意志神圣帝国"（第一帝国）的中心。因此，希特勒要建立"全体德意志人的统一国家"，第一个目标就是奥地利。早在 1934 年，希特勒就策动奥地利的纳粹分子暴动夺权，但未能成功；1938 年，他觉得时机成熟了，于是一方面在外交上压奥地利政府放弃主权，同意与德国实行"一体化"；一方面指令奥地利纳粹分子全面闹事，然后以"恢复秩序"为借口，命德军入侵奥地利。

1938 年 3 月 11 日晨 2 时，希特勒亲自下达奥托军事行动第一号令，命德军于次日中午以前进入奥地利。3 月 11 日夜，20 万德军越过德、奥边界开始进军，奥地利军队未作抵抗。德军装甲部队一字长龙，像举行军事演习一样，隆隆地驶过奥地利国土，沿大道向维也纳前进。尽管奥军未加抵抗，但由于德军行动仓促，进军并不很顺利。德国的装甲部队首次参加真正大规模的军事行动，缺乏经验，准备不足，70% 的装甲车在途中抛锚停车。第 2 装甲师找不到道路，仅靠一本旅游书上的地图摸索前进，结果前进速度比步兵快不了多少。到 3 月 14 日，德军才大体上完成了对奥地利的占领行动。这天，希特勒飞抵维也纳，宣布德、奥合并，将奥地利命名为德国"东方省"。

英、法对这次兼并未作出认真的反应，英国只在 11 日提出象征性的抗议；法国 11 日那天正好处于没有政府的状态，旧内阁全体辞职，新内阁尚未产生，因此根本无法做出反应。希特勒又一次不付任何代价就取得了重大的军事胜利。但更重要的是，原先对英、法

纳粹德国庆贺德奥合并的海报

友好的一些东欧小国现在害怕了，不敢得罪希特勒，就开始与英法拉开距离，保持中立。只有捷克斯洛伐克坚定地与英、法保持友好关系，而捷克斯洛伐克本身，却正是希特勒猎取的下一个目标。

捷克斯洛伐克人口中绝大多数是捷克人和斯洛伐克人，属斯拉夫人种。因此和奥地利不同，希特勒不能以德意志人的统一作为借口入侵该国。但是，捷克斯洛伐克有一个苏台德地区，那里居住着325万日耳曼人。希特勒入侵捷克斯洛伐克，就是以苏台德问题为借口的。

捷克斯洛伐克是英、法的坚定盟友，法国对它做出过条约保证，答应在它遭受侵略时共同反击侵略。而英国则对法国有条约保证，所以，希特勒吞并捷克斯洛伐克，就必须冒与英、法开战的危险。希特勒很清楚这种情况，他决定分两步走，首先提出苏台德问题，表示苏台德是德国在欧洲的最后领土要求。英、法两国这时正笼罩在强烈的绥靖主义气氛中，以为让狼吃饱了羊羔，它就会得到满足。因此，1938年9月28日，德、意、英、法在慕尼黑召开会议，决定把苏台德划归给德国。这个决定是在捷克斯洛伐克不知道的情况下做出的，英、法以为，牺牲了捷克斯洛伐克，就可以保住和平。希特勒又一次未发一枪一弹就取得辉煌胜利。10月1日，24个德军师开进苏台德地区进行"和平占领"，德国军队再一次在鼓乐声中征服一片土地。

但希特勒根本就不想就此罢手，他的目标一直很明确，就是建立一个以日耳曼人为中心的欧洲大帝国。几次兵不血刃的胜利使他胆子越来越大，他越来越坚信：他肩负神圣的"天命"，可以轻而易举地吞下整个欧洲大陆。早在5月30日，他就签发了绿色方案新指令，指令第一句话就是："我的不可变更的决心就是在最近即以军事行动粉碎捷克斯洛伐克。"苏台德区的"和平占领"尚未结束，希特勒就问德军最高统帅部长官凯特尔：消灭捷克斯洛伐克需要多少部队增援？凯特尔回答说，在苏台德的 24 个师（包括 3 个装甲师、4 个摩托化师）就足够了，不需要更多的部队。10 月 21 日，希特勒下达密令，让军队做好准备，随时"清算"捷克斯洛伐克的残余部分。第二年 3 月 11 日，希特勒向捷克斯洛伐克发出最后通牒，要求占领捷克斯洛伐克的波希米亚和摩拉维亚。3 月 14 日，德国授意斯洛伐克宣布"独立"，接受德国"保护"。同一天，捷克斯洛伐克总统哈查抵达柏林。在德国的逼迫下，哈查于 3 月 15 日凌晨 3 时 15 分签署了德国人起草的会谈公报。公报说，捷克总统满怀信心地把捷克命运交给德国元首，并愿意将捷克人民交由德国保护。3 月 15 日清晨 6 点，德国军队开进捷克的波希米亚和摩拉维亚。黄昏时分，希特勒抵达布拉格。行前，他在柏林宣布："捷克斯洛伐克再也不存在了！"

但这是希特勒的最后一次"和平占领"了。英、法终于看清了希特勒的侵略本性，不能再容忍纳粹德国进一步扩张。问题很清楚：欧洲所有国家都处于危险中，今天让希特勒吃掉这个国家，明天他就会扑向另一个。阻止德国扩张的唯一手段是诉诸武力，让希特勒在武力面前碰得头破血流。假如在 1936 年，希特勒向莱茵兰西岸迈出第一步时，凡尔赛条约的缔约国就坚定地把德国军队赶回去，那么纳粹德国就不至于在 3 年的时间里变成欧洲最危险的战争策源地；假如在希特勒以后的每次冒险赌博中，英、法都敲断纳粹的一条腿，那么纳粹德国也就不会在 1939 年成为欧洲最可怕的军事力量了。一失足成千古恨，一方面在对侵略的姑息中酿成祸根，一方面在各国自私的算计中养肥了战争的发动者。如果不是欧洲大国各存戒心，互不信任，希特勒怎么能一次又一次地取得兵不血刃的胜利！正是所有国家都想把祸水推向他人而保全自己，才使得所有国家最终都面临被侵略的危险。等到一个个国家都先后清醒时，虽也算"亡羊补牢，犹未为晚"，但毕竟迟了，侵略的气焰已经十分嚣张。1939年3月30日，英国向波兰提供了安全担保，法国紧随其后。这一次，英、法是当真的了。但希特勒却未必这么认为，他大概仍希望英、法在最后的关头像以往那样缩回去，让他再来一个兵不血刃的胜利！

希特勒侵吞波兰的借口是波兰走廊与但泽自由市问题。根据《凡尔赛和约》，德国东部领土东普鲁士与其他德国领土分割开，中间隔着一个"波兰走廊"，是波兰的出海口。波兰走廊出海处的但泽市人口多数是德国籍，但它被划定为自由市，不属任何一国，其海关和外交事务则由波兰代管，因此波兰对但泽可以有很大的发言权。1939年3月21日，希特勒通知波兰政府：德国一定要占领但泽自由市，在波兰的德意志少数民族应受到更好的待遇。此后不久，英、法就向波兰提供了安全保证。

就在英、法向波兰提供担保的第3天，希特勒向武装部队下达了绝密命令：白色方案，命令军队于9月1日前完成歼灭波兰武装力量的准备工作。5月23日，他在一个会议上告诉德国军事领导人说，不流血再也不能取得新的胜利了，中心问题是向东方拓展生存空间，德国只有一个决定要做，即一有机会就进攻波兰。希特勒已铁定了心，哪怕冒发动一场世界大战的风险也要攻下波兰。

5月22日，德、意两国在柏林签订军事同盟条约。该条约的序言开宗明义地阐述了条约宗旨：两国"为它们的主义的内在血缘关系团结在一起……决心并肩协力行动以取得它们的生存空间"。条约规定，一方陷入与另一个国家或几个国家的军事纠纷时，另一方应立即以盟国身份全力以赴给予援助和支持。德、意军事同盟条约的签订，表明欧洲这两个战争策源地为了各自的野心，终于联合起来了。战争的危险更临近了。

8月25日，德国又与苏联签订了德苏互不侵犯条约，目的是稳住苏联。作为条件，德国答应把波罗的海沿岸国家和波兰的东部交给苏联处理，而苏联则在即将到来的德波战争中保持中立。希特勒最害怕陷入东、西两线全面作战的境地，因此他不惜代价赶在英、法之前与苏联达成谅解，解除了"东"顾之忧。

到1939年8月，德国的战争准备工作已接近完成。在短短6年时间里，德国的军事实力急剧膨胀，陆、海、空三军按大战的要求扩建起来。德国拥有54个常规一线师，还有59个预备师可在几天内投入战场。德国陆军比号称欧洲第一陆军强国的法国还多20多个师。德国人口8500万，可武装1200~1300万人，多出法国一倍。德国陆军的优势不仅建立在数量上，它还有高度的机械化装备。它拥有近4000辆坦克，装备了10多个装甲师，欧洲没有一个国家能有如此强大的装甲部队。德国装甲部队独立组成师和军，单独作战，集中用于突破敌方的阵地和纵深穿插突破。装甲部队还与空军协同作战，形成强大的快速冲击力量，很难阻遏。德国空军在欧洲更是首屈一指。它有4000多架飞机，其中轰炸机2000架左右，战斗机1000架。德国海军略弱，仅有3艘袖珍战列舰、2艘重巡洋舰、6艘

二战前德军的坦克检阅

轻巡洋舰、30 艘鱼雷艇和 57 艘潜艇。即使如此，也已经令英国海军不敢掉以轻心了。因此，如果说 1933 年的德国是一只刚刚愈合伤口的野兽，那么到 1939 年，纳粹德国已成为一头张牙舞爪的恶狼。它觊觎全欧洲，四邻各国无不胆战心惊。

8 月底，德国完成了进攻波兰的全面准备。150 万大军奉命进入德、波边境阵地，枕戈待旦，只等一声令下，就立即扑向波兰。1939 年 8 月 31 日，德军最高统帅部终于颁发"第一号作战令"，从柏林帝国总理府传向三军：1939 年 9 月 1 日凌晨 4 时 45 分，进攻波兰。

9 月 1 日凌晨 4 时，德、波边境一片死寂，灰暗的天空乌云低垂，空气闷热，人们尚未从黎明前的沉睡中醒来。突然，巨大的飞机轰鸣声滚滚而来，打破了夜空的沉寂。数以千计的德国战斗机和轰炸机铺天盖地飞进波兰领空，震得山摇地动。一队接一队的德国飞机轰鸣着，冲向波兰各地目标。5 点左右，德国地面部队万炮齐发，装甲车轰隆隆地驰入波兰领土。德军对波兰的全面进攻开始了，第二次世界大战也正式拉开了帷幕。9 月 3 日，英、法先后对德国宣战，福煦元帅的预言兑现了：第一次世界大战结束 20 年之后，世界再次卷入大战的漩涡。

二

纳粹狂飙席卷欧洲

1939 年 9 月 1 日拂晓，1000 多架德军战斗机和轰炸机编队飞入波兰领空，然后立即散开，各自飞向不同的目标。霎时间，波兰各飞机场、通讯中心、铁路、桥梁、军事设施分别遭到狂风暴雨般的攻击，炸弹爆炸声响成一片，大火冲天而起。绝大部分波兰空军的飞机尚未来得及起飞，已被炸得七零八落。等波兰军队清醒过来，波兰的土地上已是千疮百孔，满目疮痍了。首轮轰炸过去，德国陆军就从北、西、南三个方面涌进波兰。参与进攻的是一支由 63 个陆军师组成的庞大部队，共计 150 万人，其中有 6 个装甲师、4 个轻装甲师和 4 个摩托化师。包克统领的北路集团军群兵分两路：第 3 集团军由屈希勒尔指挥，从东普鲁士向南进攻；第 4 集团军归克鲁格指挥，从波美拉尼亚向东推进。此两路集团军分进合击波兰西北端的波莫瑞集团军和莫德林集团军，然后直取波兰首都华沙。伦斯德统率的南路集团军群兵分三路发起攻击：布拉斯科维茨指挥第 8 集团军担任左翼，直指波兰工业中心罗兹，并与克鲁格的第 4 集团军一起，形成对波兹南地区的库切巴集团军的包抄；赖歇瑙指挥第 10

集团军居中，面对华沙向北进攻；右翼由利斯特的第 14 集团军出击，从德、捷、波边境向波兰第二大城市克拉科夫进军。冲在各军前面的是坦克师，成百辆坦克列成密集队形前进，一边猛烈开炮，一边高速向前，其来势汹涌竟无阻挡。紧跟在坦克后面的是高度机动化的步兵大军，一旦坦克突破阵地，德军步兵马上就跟上，占领并稳固阵地。德军这种空中地上联合进攻的立体闪电攻击如排山倒海一般势不可挡，波军虽英勇抵抗，终究挡不住德军的钢铁洪流。很快，波军前沿阵地就被冲垮。

波兰共有 30 个现役师、10 个后备师和 12 个大骑兵旅，这支部队机动能力很差，没有装甲部队，只有 1 个摩托化骑兵旅，空军约有 500 架老式飞机。其全部兵力计有 439718 人，其中陆军 418474 人，空军 12170 人，海军 9074 人，另有 150 万人可动员起来组成后备军。波军总司令斯密格莱－利兹元帅将三分之一的兵力部署于西北部的波兰走廊一带，三分之一的兵力驻守在波兰南部，另外三分之一兵力聚集在罗兹与华沙之间留作后备。他指望靠波军的抵抗能挡住德军进攻，把敌人阻滞在边境地带。然后，再投入后备部队和新动员的兵力发动反攻，并等待英、法在德国西部边境发动进攻以解救波兰。斯密格莱－利兹元帅没有料到战场完全会是另一幅景象：德军一突破前沿防线，就凭借高度机械化优势迅猛挺进。展现在德军坦克群前面的是一望无际的波兰平原，平坦的地势任坦克和摩托化部队纵横驰骋。9 月 3 日，即英、法对德宣战的这一天，北路克鲁格第 4 集团军已攻至维斯瓦河下游，切断了波兰走廊；北路第 3 集团军与莫德林集团军接火，向那累夫河施加强大压力。南路的赖歇瑙第 10 集团军之装甲纵队开始强渡瓦尔塔河；利斯特第 14 集团军进展更为神速，它已打到克拉科夫附近，迫使波兰希林集团军弃城退至尼达河—杜纳耶次河一线。4日，赖歇瑙的先头部队已深入波兰境内50英里，渡过皮利察河。6日，第10集团军之左翼到达罗兹后方，右翼攻入基埃尔策。与此同时，布拉斯科维茨的第8集团军切断了罗兹防区的波兰罗梅尔集团军与波兹南防区的库切巴集团军的联系，与第10集团军一起形成对罗梅尔集团军的钳形攻势，并开始切断库切巴集团军的退路。

波兰军队作战非常勇敢，抵抗顽强。德国第3集团军和第4集团军在波兰走廊遇到了波兰守军的拼死阻击，隶属第3集团军由古德里安指挥的坦克军群与波兰军队之间的战斗非常典型。9月3日，古德里安的坦克师穿过波兰走廊向东驰进，突遇波莫尔斯卡骑兵旅的迎头抗击。成百上千匹波兰战马嘶鸣着扑向德军坦克，波兰骑兵手握长枪，勇敢冲锋。但战马与长枪终究不是坦克、大炮的对手，德军坦克猛烈开火，一阵扫射，波兰骑兵人仰马翻，纷纷倒地。一会儿工夫，波莫尔斯卡骑兵旅就被消灭得精光。尽管如此，波军的勇敢却赢得了德军的敬佩。但是，波军毕竟难以仅靠勇敢阻挡德军。成群的德国轰炸机向波军阵地投掷炸弹，整师整师的德军坦克横冲直撞，摩托化重炮边开炮边滚滚驰骋，100多万步兵乘坐在机动车上紧随坦克前进。到9月5日，波军多个集团军已被分割包围，不再能形成有组织的大规模抵抗。按照德军陆军总参谋长哈尔德、陆军总司令勃劳希契和北路集团军群司令包克的看法："敌人实际上已被打垮了。"

9月8日，赖歇瑙第10集团军的一支坦克部队抵达华沙近郊的维斯瓦河畔，开始构筑阵地，封锁波军向东南退却的道路。与此同

时，利斯特第 14 集团军的机动部队打到桑河。屈希勒尔第 3 集团军
的先头部队——古德里安装甲部队开始攻击华沙北面不远的布格河
一线。9 月 10 日，波军总司令斯密格莱－利兹下令波军向波兰东南
部退却。他打算集中兵力于东南一隅，缩短战线，重建防御阵地以
便长期抗战，但为时已晚。古德里安装甲军已包抄布列斯特—里托
夫斯克，利斯特的克莱斯特装甲军于 12 日抵波兰最东南的达利沃夫
城。波军退却之路被切断，德军已深入波兰纵深处。至此，波军被
分割包围在各地，面临彻底被歼的命运。此后，德军逐步收缩包围
圈，围歼波军。9 月 17 日，苏联军队按苏德密约越过波苏东部边境，
从背后给波兰致命一击。18 日，波兰政府和最高统帅部逃入罗马
尼亚。

18 日后，战斗只在各孤立地点进行。最著名的战斗是华沙攻防
战。华沙的存亡是一个象征，象征着波兰的存亡。希特勒希望德军
在 9 月 21 日攻占华沙，因为那是德国国会开幕的日子，攻占华沙将
为希特勒带来欢呼。但波兰人让希特勒的愿望落了空。德国军队将
华沙团团围住，空中轰炸，坦克冲击，都未能在 21 日前占领这座城
市。波兰军民在市中心设置了街垒，挖掘防坦克堑壕，死守各处阵
地。当德军坦克接近防坦克壕时，波军点燃成桶的松油，挡住了德
军一次次进攻。9 月 24 日，华沙的煤和水中断了，食品不敷一周之
用，弹药只能再维持 2 天。26 日，德军坦克和步兵趁波军弹尽粮绝
之际发动大规模进攻。波军再也无力支撑，被迫请求停战。9 月 28
日，华沙落入德军之手。

波兰战役至此结束，德军以闪电般的速度在一个月内消灭了波
兰。至 10 月 2 日最后一处零星抵抗停止，65 万波军被俘（其中德军

古德里安在战场指挥坦克进攻

俘获 45 万，苏军俘获 20 万），而德军仅阵亡 8400 人、受伤或被俘 28000 人，另有 3000 人失踪。德军的闪电战大获成功。

德军的闪电战标志着战争技术的一场革命。有史以来，坦克和飞机第一次作为主角出现在战场，二者的配合使用体现立体快速进攻的威力——飞机轰炸、坦克突破、步兵迅速占领阵地，这是德军进攻的三部曲。这种战术的精髓是使用坦克实施大规模快速纵深突破，加上飞机对敌方战斗力量的毁灭性打击。

就在波兰将士浴血奋战、身陷危境时，英、法军队在西线做什么呢？凭推想，人们一定认为西线战事更为激烈，但实际上却并不是这样：西线出奇的平静。全世界都感到纳闷，西线怎么会出现这么一种"奇怪的战争"？

希特勒的战略部署是：在东线集中优势兵力迅速消灭波兰，在西线则取守势，布置 36 个师（几乎没有装甲部队和空军）防御齐格菲防线，消灭波兰后再回师西线对付英、法。英、法对德宣战后，法国有 85 个师集结在德法边境，英国首批 4 个师正在奔赴法国途中，两国兵力在西线占有绝对优势。但英、法并没有趁德国西线空虚发动强有力攻势。法军只发起过"萨尔攻势"。9 月 7～8 日夜间，法军在一条 15 英里长的战线上越过边境，向德国的萨尔推进了几英里。德军立即退入边境以内的齐格菲防线。9 月 12 日，法军前进到距边界 5 英里的地方，占领了 20 个空无一人的村庄。这以后，法军总司令甘默林命令法军停止前进。按甘默林的计划，法军只有假道比利时才能够发动大规模进攻。但比利时当时还是中立国，不愿借道给法国，法国政府则无意破坏比利时的中立。因此，甘默林的"萨尔攻势"只是个象征性的行动，意在表示法、德处于战争状态，也好对急盼解救的波兰作个交代。实际上，甘默林和法军其他高级将领胆怯畏缩，不敢发动进攻战。他们抱守第一次世界大战中陈旧的防守战略，想坐等德军进攻再凭借马其诺防线消耗德军。9月30日，甘默林命令东北集团军群司令乔治将军撤出在萨尔的法军，"萨尔攻势"至此结束。就这样，英、法盟军眼睁睁地看着波军被消灭而无所作为。

波兰战事结束后，德国军队立即开赴西线。但德军刚刚打完在波兰的仗，需要一段时间休整。希特勒不愿马不停蹄地挥师西进。英、法不战，德军不打，"奇怪的战争"在波兰战事平息后仍继续下去。双方军队隔界相望，相安无事，好像战争不存在一样。美国战地记者威廉·夏伊勒10月9日曾到法、德100英里边界的德国一侧旅行。他在日记中写道："列车乘务人员告诉我说，自开战以来，这条火线上一直没有放过一枪……双方军队……在彼此射程内毫无遮掩地走来走去，各干各的事……"不战不和的局面一天天维持着。

但希特勒并不想让这种不战不和的局面持续太久。10月10日上午11点，他向三军将领下达第6号指令："我命令：为穿越卢森堡、比利时和荷兰地区的……攻击战作准备。必须尽早……实现这一攻击……"10月17日，希特勒告诉德军陆军总参谋长哈尔德，德军最迟须于11月15～20日发动进攻。但是，希特勒急不可耐的决定却遭到德国高级将领的公开或私下反对。为此，希特勒严词训斥反对派，并扬言要对其进行惩罚。他曾把进攻的日期定在11月12日，但到了11月7日，希特勒通知军队说，进攻日期推迟3天。此后，进攻日期一再被推迟。随着冬季的到来，希特勒仍没有挥师西进，留待1940年春再做决定。

　　双方都知道，西线的平静是火山爆发前的沉寂。然而，这种沉寂能持续多久呢？人们不安地注视着西欧。就在人们紧盯着西欧之时，一声霹雳在北欧上空炸响……

　　1940 年 3 月 1 日，希特勒为"威塞演习"（进攻北欧的行动代号）下达指令："斯堪的纳维亚局势的发展，要求作占领丹麦和挪威的一切准备。这一作战行动，可以防止英国对斯堪的纳维亚和波罗的海的侵犯。此外，它还可以保证我们在瑞典的铁矿基地，并为我们的海军和空军提供进攻英国的更为广阔的出发线……""威塞演习"是一次海、陆、空联合行动，由福肯霍斯特将军担任行动总指挥。4 月 2 日下午，希特勒同空军司令戈林、海军司令雷德尔和福肯霍斯特商讨"威塞演习"细节，规定 4 月 9 日凌晨 5 点 15 分开始行动。行动前夕，德国海军战舰和运输舰开始接近丹麦、挪威海域。这些德国船只悬挂英国国旗，用英语通讯，驶近各预定登陆港口。从陆路进攻丹麦的一支德军装甲纵队进入德、丹边境出击点，伞兵则整装待发，做好了随时登机的准备。4 月 5 日，负责攻占丹麦首都哥本哈根的德军一营长化装潜入哥本哈根，侦察地形，并为"但泽号"运输舰寻找停靠码头。4 月 7 日，进攻丹麦的特遣部队参谋长希麦尔将军身着便装到哥本哈根侦察。进攻挪威的各部队按时做好了战斗准备。

　　4 月 9 日，德军"威塞演习"准时开始。

　　黎明时分，德军伞兵突然从天而降，落在丹麦各战略据点和哥本哈根市中心；突击队在各处登陆。与此同时，德装甲纵队开进丹麦领土。德军的行动几乎没有遇到任何抵抗，除了丹麦禁卫军在王宫附近放了几枪外，就好像什么事都没有发生一样。5 点 20 分，德国驻丹麦公使伦特-芬克向丹麦政府递交最后通牒，要求丹麦人不要抵抗。丹麦国王一起床，就接到了德国的最后通牒。他马上召集大臣在王宫开会，商讨对策。会上，只有国防大臣普莱奥尔将军一人主张抵抗。当丹麦政府举棋不定之际，德国轰炸机已飞临哥本哈根上空盘旋，进行恐吓。上午8点30分左右，丹麦政府接受了德国的最后通牒。这样，德国人只花了4个小时就结束了对丹麦的占领。

德军在挪威的行动就没有那么顺手了。参加攻占挪威的德国兵力计有7艘巡洋舰、14艘驱逐舰、1000多架飞机和几个伞兵营，比投入丹麦的兵力多得多。但挪威与德国不接壤，相隔北海，且德军要攻占的几个港口城市（纳尔维克、特隆赫姆、卑尔根、斯塔万格、奥斯陆）等分散在北起挪威海北端，南至北海和斯卡格拉克海峡的广阔地带，这就增加了德军行动的困难。但它最大的麻烦是来自以英国海军为主的盟军的攻击和英、法远征军的反攻，盟军早已决定封锁挪威海域，切断德国从瑞典进口铁矿砂的运输线。4月7日，英国舰队已完成了布雷行动。

就在这一天，德国海军上将卢特晏斯统率的一支舰队来到了挪威海岸，并派遣一些小分队悄悄登上挪威主要港口口岸。7日下午1时25分，英国飞机发现一支强大的德国海军部队穿越斯卡格拉克海峡驶向挪威。7时30分，英国本土舰队从斯卡帕湾起航，前去追赶德国舰队，但未能截住它。4月8日破晓时分，德军先遣部队开始向奥斯陆、斯塔万格、卑尔根、特隆赫姆和纳尔维克发起攻击。4月8日夜，进攻奥斯陆的德军舰队抵达奥斯陆峡湾入口处。挪威布雷舰奥拉夫·特里格佛逊号拦截德舰，将德军一艘布雷艇和一艘巡洋舰打伤。当德国舰队到达奥斯陆以南15英里的奥斯陆炮台时，遇到了

挪威纳尔维克海战

猛烈抵抗，炮台守军开炮轰击德舰，并发射鱼雷。德舰勃吕彻尔号被击沉，舰上 1600 名官兵大多葬身海底，舰队司令孔末资海军少将勉强游到岸上，旋即被俘。德军海上进攻奥斯陆的行动受挫。8 日深夜，德国驻奥斯陆空军武官将海军受挫的消息电告柏林，柏林闻讯，立即命令空军出动，不多久，德军飞机于奥斯陆的福纳布机场着陆，空运来了步兵。同时，伞兵也在福纳布机场降落。福纳布机场落入德军之手。就在德国飞机降落之前不久，挪威国王和政府大臣、议员带着 20 卡车的黄金逃往 80 公里外的哈马尔，奥斯陆一片恐慌，乱成一团，连军队都没有召集起来。大约中午时分，5 个连左右的德国轻装部队从福纳布机场向奥斯陆进发。这支部队大唱空城计，临时拼凑起来的军乐队吹吹打打在前面开路，几连步兵迈着轻松的步子，列队跟随。这支小小的部队像举办节日游行一般开进了奥斯陆，进城后，未遇抵抗，就平静地接管了这座城市，挪威首都戏剧性地陷落了。

德军在斯塔万格、卑尔根、特隆赫姆和纳尔维克都遇到挪威海军和炮台守军的抵抗。在卑尔根，15 架英国海军俯冲轰炸机还炸沉了德舰"柯尼斯堡"号，不过德军还是在 4 月 9 日这天控制了上述港口。纳尔维克城防司令康拉德·孙德洛上校是一个内奸，他追随挪威前国防大臣秘密投靠了希特勒。当德国舰队到来时，他命令守军不要开火，抵抗德舰的是港内的挪威海军。德舰于 9 日进入纳尔维克港口时，挪威舰艇随即开炮示警，要求德舰说明身份。德驱逐舰队指挥官邦迪大耍花招，他派了一名军官乘汽艇驰向挪威军舰。挪威军舰见德舰使者前来，就不再开炮。德军使者来到挪威舰只跟前，说明身份后，就要求挪威军舰放下武器。挪威军舰表示要抵抗到底。这名德军使者马上发出暗号，把挪威军舰的决定告诉德舰。按照海战惯例，使者回到自己船上后双方才能开战，但德国使者的汽艇刚一离开，德舰立刻向挪威军舰发射鱼雷。挪威"艾得斯伏尔德"号军舰中雷沉没，另两艘装甲舰开炮还击，不久也被击沉。纳尔维克被德军占领。卑尔根、特隆赫姆和斯塔万格的陷落也都经历了一番战斗，只是不甚激烈。

激烈的战斗发生在挪威各港口陷落之后。赶往挪威参战的英国海军一心要歼灭德国驱逐舰队，在挪威海域四处搜寻德国驱逐舰。但由于海面辽阔、大雾弥漫，这个计划未能成功。英舰曾遇到一些德军运兵船，但没有攻击。4月10日清晨，即纳尔维克陷落24小时后，英国一支驱逐舰队（由5艘驱逐舰组成）终于发现了纳尔维克港内的德国驱逐舰队（5艘停在港内）。英舰立即进行攻击，击沉2艘、击伤3艘，指挥官邦迪也被打死。英舰返航刚走不远，德军驱逐舰队的另5艘驱逐舰从峡湾附近迎面杀出，德舰猛烈开炮，英舰全力还击。海面上炮声震天，硝烟四起。英舰火力不敌对手，一沉一搁浅，其余3艘败走外洋。4月13日中午，英国另一支驱逐舰队赶至纳尔维克，一举歼灭剩余德舰。纳尔维克德国占领军见势不妙，仓促退往附近山区。但英舰错失良机，并未登陆。英国海军对其他各德占领港口亦发动了进攻，均未成功。因为德国空军掌握了制空权，频频空袭英国舰只，使英舰无法靠岸。

4月20日，盟军1个旅和3个营的远征军于特隆赫姆北面80英里处登陆，另一旅部队于特隆赫姆西南100英里处登陆。这两支部队拟夹攻特隆赫姆的德军，夺回特隆赫姆。但他们受到德国轰炸机的日夜轰炸，加之冰天雪地不利于进攻，终归失败。5月28日，

25000 名盟军攻占了纳尔维克，德军再次败逃山区。但此时德国已开始大举进攻西欧，纳尔维克盟军奉命撤出，调往西线。6 月 8 日，纳尔维克重新被德军占领。至此，北欧完全落入德军手中。

如果说北欧战事仅仅是欧洲边缘的争夺战，那么西线才是双方较量的中心。双方云集重兵，准备一场真正的大战。

德国进攻西欧的最初计划是"黄色方案"，该计划与第一次世界大战时德军的施里芬计划大致相同。它要求德军主力在比利时中部发动主攻，突破比利时艾伯特运河防线，然后直插法国索姆河，再向东迂回包抄巴黎，同时占领英吉利海峡各港口切断英、法联系。如果德国真的实施这个计划，那么十有八九要失败，第二次世界大战也许早就以德国在西线的失败而结束了——第一次世界大战中，德国正是败在类似计划上，而英、法在西线的部署，也正是针对一战时的施里芬计划安排的。按这种部署，盟军主力集结在法、德和法、比边境，英、法军事领导人已做好德军对比利时中部发动主攻的充分准备，德军一旦攻入比利时艾伯特运河防线，盟军将迅速开进比利时，与比利时军队一道抗击德军。即便不能抵挡德军的进攻，盟军也能有效地阻滞德军的推进速度，以消耗敌人。等德军抵达法国西北部，其冲力势必大大减弱，而盟军则早在坚固的阵地上枕戈以待，定可击退敌人。这样，第一次世界大战的马恩河战役就会重演。

但是，一个偶然的突发事件改变了一切。1939 年 1 月 10 日，一架德国军用飞机从缪恩起飞前往波恩，飞机上坐着德国空军重要参谋军官赫尔莫特·莱因柏格少校，这位少校的公文包里装着"黄色方案"的详细作战计划并附有地图。这天天气严寒，大风呼啸，飞机在莱茵河上空遇到云层，迷失了方向，误入比利时领空，结果，它被迫降落在比利时的梅克林附近。当比利时士兵接近飞机时，莱因柏格少校慌忙钻入邻近的树丛，一到树丛中，他立即点火焚烧随身所带的文件，比利时士兵跑到树丛中扑灭了火焰，抢救出尚未烧毁的文件，并把莱因柏格带到当地驻军司令部盘查审问，比利时于是得到了德军进攻西欧的计划大纲。此情报非同小可，比利时政府一面调动军队准备迎敌，一面将德军计划大纲通报给英、法政府。莱因柏格回国后害怕承担责任，就向上司报告说，他把文件全部销毁了。但这是事关胜败存亡的大事，希特勒岂敢相信莱因柏格的保证！他立即和德军高级将领研究，决定改变原方案，转而采用曼施坦因计划。曼施坦因是一位年轻的德国军官，当时任伦斯德的 A 集团军群参谋长。德军高级将领讨论"黄色方案"时，曾出现分歧，有人说，法国人不会容许自己再一次上施里芬方案的当了；还有人指出，比利时军队比 1914 年强大得多。希特勒提出，德军可派一支装甲部队实施牵制进攻，向色当方向辅攻，以掩护德军在比利时的主攻。希特勒的这一想法激发了曼施坦因的想象力，在曼施坦因富有创造力的大脑里，色当方向的辅攻变成了在比利时南部的主攻。他认为，德军应将主攻方向选在比利时南部，使用大批量坦克部队穿越阿登山脉，朝色当方向突破，然后转向西方，直趋英吉利海峡，完成对法国西北部和比利时的包抄。这是一个充满冒险精神的计划。阿登山脉位于比利时南部的法、比、德三国交界处，沟谷遍布，树木丛生，道路狭窄逶迤，关隘重重。此处历来被兵家视为畏途，乃是易守难攻之天险。大批量机械化部队穿越阿登山泳，那更是难上加难。然而，一旦穿越阿登山脉，突破色当防线，德军就可以畅行无阻，直奔英吉利海峡，关上盟军退往法国中南部的大门了。正因为阿登山脉被大多数兵家视为畏途，因此法国疏忽了对这个方向的防守，德军在这里发动进攻，能取得出其不意、攻其不备的效果。1939 年 11 月至 1940 年 1 月，曼施坦因一再向上司提出他的计划，德国陆军总司令勃劳希契和总参谋长哈尔德认为这是胡思乱想，不予理睬。后来，曼施坦因设法见到了希特勒，希特勒对他的计划很感兴趣，但没有下决心是否采纳。莱因柏格失密事件终于促使希特勒改变了态度，1940 年 1 月 16 日，希特勒下达命令；按照曼施坦因计划部署进攻（希特勒把曼施坦因的计划说成是自己的，以显示自己的高明）。这样，德军就神不知鬼不觉地改变了进攻方案。

盟军领导人对德军进攻方案的改变一无所知，一心一意准备对付德军的原计划。1939 年 11 月 17 日，盟国曾在巴黎召开最高军事会议，通过了"D"计划。该计划以德军对比利时中部地区发动主攻为前提，决定派法国第 1 军团、第 9 军团和英国远征军驰援比利时，在安特卫普到那慕尔一线建立阵地，挡住德军。11 月底，盟军还制订了增援荷兰的计划。

到 1940 年 5 月初，德军已完成进攻西欧的作战部署。德军在西线部署了 114 个师，其中包括 10 个装甲师、6 个摩托化师。这支军队中，30 个步兵师和 3 个装甲师将投入荷兰—比利时战区，称为 B 集团军群，由包克指挥，受命进攻荷兰和比利时。伦斯德统率的 A 集团军群下辖 50 个步兵师、7 个装甲师和 3 个摩托化师，居于战线中部，担负通过比利时南部和阿登山脉突入法国的任务，这是德军的主攻力量。李勃将军指挥的 C 集团军群驻守在齐格菲防线上，居于最东面，该集团军群只有 20 个步兵师，基本不参与第一拨进攻。

盟军的部署基本上是针对"黄色方案"的，总计有 104 个师、224 万人集中在法、比、德边境地区进行防御战，荷兰和比利时还另有 31 个师用以抵抗德军进攻。德军一旦攻入荷兰、比利时，英、法就派第 9、第 1 军团进入比利时增援，派第 7 军团到荷兰增援。在比利时南部的法、比边境，法军第 2 军团据防固守，保住马其诺防线。

在装备方面，德军拥有约 2000 辆现代化装甲车，盟军有 2280 辆，数量大体相当，但使用方式大不相同。德军装甲车大多编成独立建制，以军、师为单位集中起来，采取装甲车队大规模纵深突破的战术。而英、法则将大部分装甲车分散给各步兵单位，只起协助步兵作战的作用。这两国虽然有 2000 多辆坦克，但只有 3 个装甲师是独立建制的。在空军方面，作战双方实力相差悬殊，德国可出动 4000 多架飞机用于西线作战，轰炸机和战斗机各 2000 架左右；法、英两国可用于西线作战的飞机不足 2000 架，轰炸机尤其少，不足 300 架。

5 月 9 日，希特勒下达了最后命令：5 月 10 日发动进攻。次日黎明，沉默了 7 个月之久的西线大战终于爆发了。

为了不暴露主攻方向，德军首先用包克的 B 集团军群向荷兰和比利时中部发动进攻。攻占荷兰的关键是夺取"荷兰要塞"的几座重要桥梁。"荷兰要塞"包括海牙、阿姆斯特丹、乌德勒支、鹿特丹和莱伊登等城市，该地区遍布蛛网似的河流，东、北、南三面围有重要水道，西面有拦海大坝。德军，尤其是装甲部队要攻入"荷兰要塞"十分困难。主攻部队抵达"荷兰要塞"之前，德军必须首先夺取几处重要的桥梁，否则将难以攻占该地区。5 月 10 日拂晓，4000 名德国伞兵乘滑翔机突然降落在"荷兰要塞"区内。海牙机场、鹿特丹河上均受到德国空降兵的攻击。进攻海牙的德军是一个伞兵营和两个空运轻步兵团，他们的目标是俘获荷兰女王和政府各部门首脑，瓦解荷兰的指挥中枢。海牙军民被从天而降的突然打击懵住了，到了晚上才镇定下来，开始发动反击，把海牙三个机场上的德军赶了出去，并挫败了德军对王宫的进攻。鹿特丹河上的首批德军人数极少，只有约一个连。但荷兰守军猝不及防，被打了个措手不及，河上几处桥梁很快失守。荷兰增援部队拼命反击，企图夺回桥梁，直到 12 日清晨仍未成功。此时，德军第 9 装甲师已攻到了鹿特丹河前，与空降部队顺利会师。5 月 13 日，双方在鹿特丹河上进行了一整天激战；14 日早晨，德军一参谋军官打着白旗跨过鹿特丹桥，要求荷军投降。正在双方交涉之际，德军轰炸机空袭鹿特丹，800 平民被炸死，市中心被炸平。5 月 15 日上午 9 时 30 分，荷军总司令温克尔曼将军命令荷军放下武器。荷军投降前夕，法军第 7 军团昼夜兼程前往增援，待赶到荷兰布雷达时，荷军已经崩溃。第 7 军团孤军深入敌阵，不敢轻举妄动，只好停止前进，在布雷达附近据守待命。

德军入侵比利时，其开头的一幕极富戏剧性。负责地面进攻的是赖歇瑙指挥的第 6 集团军（包括第 16 装甲军）。入侵部队要突破比利时边境防御，必须攻克艾伯特运河防线，而要攻克艾伯特运河防线，又非夺取河上两座桥梁和河流一侧的埃马尔要塞不可。艾伯特运河上的比利时守军一再接到命令，务必在德军到达之前炸掉桥梁。对比利时守兵来说，炸掉桥梁再容易不过了，炸药早已埋好，只需一按电钮即可。埃马尔要塞控制着艾伯特运河和缪斯河交叉点，被认为是欧洲最难攻克的工事。它的炮楼有厚装甲保护，可抗住任何炸弹的连续轰炸；地下由一系列钢筋混凝土交通壕构成，整个工事驻有1200名守军。为确保夺取艾伯特运河上的桥梁和埃马尔要塞，希特勒亲自策划，想出了一个大胆的妙计。5月10日黎明，500名左右的德国伞兵从滑翔机上悄悄降落在艾伯特运河比军防线内，没等比军守兵明白过来，德国伞兵已攻占了两座桥梁。78名伞降工程兵准确落在埃马尔要塞顶部，以迅雷不及掩耳的速度制服了顶部的比军高射炮兵。然后，德国兵迅速往比军炮口里、通气管里和瞭望台上投进炸药、炸弹和催泪瓦斯，要塞内的守军被压制在下部，又给瓦斯搞得睁不开眼睛，毫无办法。11日清晨，埃马尔要塞内的所有火力均被德伞兵破坏，不一会儿，跨桥而过的德装甲军先头部队抵达，将要塞包围。12点左右，1200名比军手举白旗走出要塞，向德军投降。

越过艾伯特运河后，德军很快攻破了运河后面的比利时薄弱防线。两个装甲师在艾伯特运河后面的平原上四下散开，隆隆疾进，迫使比军后撤，退向安特卫普—那慕尔防线。11日，比军与前来增援的法国第7、第1军团及英国远征军在安特卫普—那慕尔一线会合。5月13日，德军向安特卫普—那慕尔防线发动一浪高过一浪的进攻，德军坦克猛烈冲击盟军，火速赶到的法国第1军团立即投入战斗，挡住了德军13日的进攻。5月15日，法国第1集团军占领了日昂布鲁到瓦弗间的阵地。这天，盟军还挫败了德军对卢万和日昂布鲁的进攻。法军源源不断地开进比利时，与英国远征军和比军在安特卫普—那慕尔一线构成了一道稳固的防线。盟军凭借反坦克壕、反坦克炮，使德军坦克的屡次冲击归于失败。法军总司令甘默林暗自高兴，以为德军攻势已被挡住，盟军可以有机会发动反攻，把德

1940年进攻比利时的德军伞兵

军打回去。德军从艾伯特运河发起的猛烈进攻吸引了甘默林的全部注意力，他愈加相信那里就是德军的主攻方向。盟军把愈来愈多的主力部队投入比利时，奋力与德国B集团军鏖战。但甘默林万万没有想到，恰在此时，一支德国装甲大军击退了法国的色当守军，浩浩荡荡地从背后包抄上来了。

5月10日，A集团军属下的克莱斯特装甲兵团（由3个装甲军组成）开始穿越阿登山脉。这支坦克部队分三路纵队从德国边境出发，前后绵延100英里。坦克军团之后跟着50个师的兵步。与此同时，德军斯图卡式俯冲轰炸机开始轰炸法国第2、第9军团的防御阵地。对德国这支部队来说，时间就是胜利，克莱斯特将军下令："不得休息，不得松懈……日夜兼程前进；利用首战出奇制胜，务使敌人乱作一团；处处措手不及，无情地困扰它，心中只有一个目标：突破。"被视为坦克禁区的阿登山脉并非真的无法通过，5月12日，坦克将军古德里安率领第19装甲军率先抵达马斯河。马斯河位于阿登山脉边麓，流经法国边陲重镇色当，是法军守卫色当防线的天险。马斯河一失守，色当防线岌岌可危。驻守色当防线的是法国第2军团，该军团只有5个步兵师，3个炮兵团和3个坦克营，每个师平均要防守10英里的地段，而且反坦克炮和反坦克地雷严重不足，每英里只有8门炮。紧挨第2军团西边的是法国第9军团。第9军团司令亨格茨意识到局势严重，奉甘默林之命增援第2军团。但甘默林并没有充分认识到事情的严重性，仍然让前往比利时的法军按原计划前进。法国高级将领普遍认为，德军将会休整一番，古德里安不会立即进攻色当防线。因此之故，前往增援的法军机动性极差，没能及时赶到色当防线。

古德里安将军的行动完全出乎法军领导人意料之外。5 月 13 日下午，不等步兵赶到，他便开始强渡马斯河，进攻色当。午后不久，德国空军开始出击。12 个俯冲轰炸机中队连续轰炸马斯河的法军阵地。炸弹像下雨一样落在法军阵地上。法国守军被炸得抬不起头来，只能躲在防空洞里避弹。下午 4 时，古德里安的装甲步兵开始驾船渡河，很快，一批批德军渡过河去，抢占到一个桥头堡。14 日下午，古德里安的 3 个装甲师全部渡过马斯河。此时，增援法军刚刚赶到，立足未稳即与德军交火。古德里安的装甲师过得河去，全面发起攻击，很快打退了法军的反攻。15 日傍晚，法军最后一道防线被突破。色当防线一破，古德里安的装甲大军向西挺进的道路就豁然洞开，畅行无阻了。

5 月 15 日，甘默林终于醒悟过来，急令开入比利时的法军停止前进。东北战区司令乔治将军急派第 3 装甲师朝色当方向反攻，但第 3 装甲师已被打得所剩无几，无力发动反攻了。结果，法军发动了一场步兵反攻，旋即被古德里安击溃。5 月 16 日，古德里安抵达瓦兹河。在这里，戴高乐将军指挥仓促编成的第 4 装甲师顽强攻击德军侧翼，战斗异常激烈，一度令德军惊恐不已。傍晚，德军猛攻戴高乐的装甲师，将其打垮。5 月 19 日，古德里安的装甲军抵达贝隆。20 日攻占亚眠，接着便向阿布维尔挺进。不久，古德里安抵达英吉利海峡，盟军在比利时的交通线被切断。

5 月 19 日，法国政府总理雷诺将甘默林撤职，任命第一次世界大战时的名将魏刚为法军总司令。第一次世界大战时，魏刚曾是福煦元帅的得力助手，在魏刚协助下，福煦元帅统率法军取得了胜利。雷诺请魏刚出山，是想让魏刚力挽狂澜，扭转颓局，再者，魏刚是

50

胜利的象征，能够鼓舞法军士气。19日，魏刚从叙利亚归国履职。经过两天的摸底，他掌握了前线的战况。5月21日，魏刚在伊普雷召开前线盟军高级将领会议，决定发动反攻。但是，英国远征军司令戈特勋爵未能与魏刚会面，因为他不知道开会的确切时间。5月21日，法国一个轻机械师，一个步兵师和一个坦克旅从阿拉斯向南反攻，从侧翼攻击古德里安的后方交通线。这支法军越过阿拉斯，向南推进了一段距离，但由于力量太小，后继乏力，又被德军坦克打了回去。这次小规模反攻引起德军高级将领的一阵恐慌，德国人害怕古德里安被断了后路，A集团军群司令伦斯德认为情况危急，一度考虑让古德里安停止前进。英国远征军司令戈特认为反攻不切实际，没有派出更多的兵力参加反攻。这样，魏刚的反攻计划也就草草结束。戈特十分担心英军陷入重围，准备退往敦刻尔克，以便从海上撤退回国。戈特的想法是有道理的，20日，古德里安装甲军已经到了阿布维尔海边；23日，这支军队距敦刻尔克只有10英里了。北面的包克集团军群即将冲垮比利时阵地，进逼敦刻尔克。25日晚上，戈特下令英军向敦刻尔克退却。戈特的退却使安特卫普—那慕尔防线的比利时守军和法国第1军团的处境更为艰难。5月26日，魏刚命令比利时境内的法军往敦刻尔克撤退。5月27日，比利时向德军投降。

现在，敦刻尔克周围一个狭小的地区聚集了几十万盟军，德军已将这支盟军围困得密不透风，唯一可供盟军逃跑的生路是西面的大海。如果德军一鼓作气围歼盟军，大海也难以帮助盟军，因为英国来不及用船把他们接走。但就在敦刻尔克盟军身陷绝境之际，德军自己也犯了错，从而拯救了盟军。5月24日晚，德军最高统帅部紧急命令古德里安停止前进。希特勒想让空军和尚未赶上来的步兵去消灭敦刻尔克附近的盟军，以便把坦克留下来向法国纵深突破。被压缩在敦刻尔克附近的盟军抓住这个喘息之机，赶快构筑防御阵地。5月26日晚上7时30分，英国海军开始执行"发电机计划"，从海上营救盟军渡海。恰在这天夜间，希特勒取消了停止前进的命令。夜里，古德里安的装甲部队开始从南、西两面攻击敦刻尔克。英国3个步兵师凭借坚固的阵地和有利地形，用重炮轰击德军坦克。敦刻尔克外围空间狭窄、地形复杂、道路泥泞，加上英军拼死阻击，古德里安的坦克进展极其缓慢。英国海军紧急出动，派出一切可以派出的船只，前往敦刻尔克装运盟军。开始时，撤退的任务全部由海军承担。海军船只不足，人手不够，第一天仅有7669人登船回到英国。第二天，情况有所好转，比第一天多撤出一万人。到了第4天，共有126606人撤到英国。5月30日前，德军最高统帅部一直对围歼盟军充满信心，5月30日早晨，陆军总参谋长哈尔德还说："我们所包围的敌人正在继续崩溃。"30日下午，德军最高统帅部惊讶地发现，煮熟的鸭子正在飞往英国，于是，德军坦克拼命向敦刻尔克冲击，空军也尽可能地进行轰炸。英、法军队坚守阵地，屹立不动，英国空军派出喷火式战斗机攻击德军轰炸机。德军眼看着盟军部队一批一批坐船逃往英国，却毫无办法。英国渔民闻知海军正在执行"发电机计划"，就纷纷开船前往敦刻尔克，大批志愿人员加入营救队伍。狭窄的英吉利海峡上到处布满了大大小小的船只，川流不息的各式船只往返穿梭，十分壮观。敦刻尔克港口内停靠的是大船，敦刻尔克海滩附近的海面上则是数不胜数的民间小船。德国空军的轰炸机强行轰炸敦刻尔克港口和海滩，追击海上船只。德机

敦刻尔克大撤退

投下的炸弹掀起的巨浪高达几十米，许多船只被炸沉。但英国大、小船只不畏艰险，勇敢地奋力航行，到6月4日，共有338226名英、法士兵逃出德军虎口。6月5日，德军占领了敦刻尔克，但只有4000名法军后卫部队未能撤出。

占领敦刻尔克后，德军开始发动第二轮大规模进攻，即向法国纵深进军以求彻底击败法军。第一轮战事失利后，法军总司令魏刚沿索姆河和埃纳河建立了新防线，指望新防线能挡住德军，并准备反攻。魏刚命令，新防线务必坚持到6月15日，届时法军预备队可投入反攻。法国总理雷诺一再表示，法国将战斗到底，一定要取得最后胜利。一方是乘胜再战，一方要拼死抗击，德、法双方的命运到底会如何呢？

6月5日，德军急风暴雨般的打击袭来了。黎明，包克的B集团军群开始在索姆河上与法军交锋。德军的攻势遍地开花，从阿布维尔到莱茵河上游整个400英里长的战线上，到处是德军坦克和大炮的轰鸣。法军在第一天的战斗中非常出色，顶住了德军的凶猛攻势。6月6日，魏刚乐观地认为，敌人已被"法国的坚固支撑点"所遏阻，但他太乐观了，事实上，法军没有足够的实力守住新防线。德军兵力已增至143个师，包括10个装甲师，还有几千架飞机。而法军只有65个师，而且都是二流师，精锐部队已消耗殆尽，装甲车所剩无几。法国空军只剩下残兵余勇，英国空军以保卫本土为主，也派不出多少飞机到大陆助战。7日，德军第15装甲军突破法军在鲁昂地区的防线，沿公路直扑鲁昂。9日，第15装甲军渡过塞纳河。6月8日，东面德军也在佩龙纳突破法军防线。法军在贡比涅顽强抵抗，德军知难而退。同时，法军在香巴尼的防线被德军捅了一个大洞。9 日，古德里安的坦克军冲过香巴尼缺口，朝夏龙飞奔而去。8 日，魏刚见大势已去，遂宣布新防线已告失守。9 日，法国政府撤离巴黎，迁到中南部城市图尔。10 日，意大利趁火打劫，墨索里尼对法宣战，出兵攻打法国南部。14 日，德军开进巴黎。16 日，德军已攻至罗纳河（位于巴黎东南方不远处）。法国总理雷诺坚持抵抗，准备将政府和军队撤到非洲法属殖民地去继续抗战。但是，法国军方领导人反对雷诺的主张。以贝当元帅为首的一帮投降派占了上风，迫使雷诺辞职。16 日晚，以贝当元帅为首的法国新政府向希特勒屈膝求和。6 月 21 日下午，康边森林出现了戏剧性的一幕：就在 1918 年 11 月 11 日德国向福煦代表的协约国投降的同一地点，法国代表按希特勒的要求签署停战协定。法国人建立的胜利纪念碑依然立在那里，上面的碑文依然如故：“1918 年 11 月 11 日，德意志帝国在此投降——被它企图奴役的自由人民所击败。”福煦元帅当年乘坐的火车车厢依然保存完好，停在原处。但戏剧中的人物变换了角色，如今的胜利者是不可一世的希特勒，而屈膝投降的则是贝当指派的亨茨格将军等法国人，真所谓“物是而人非”。下午 3 时 15 分，希特勒乘坐梅赛德斯牌汽车，同戈林、勃劳希契、雷德尔等人一起来到康边森林的一处空地上——当年德国就在这里签署了停战协定。在巡视过这块纪念地之后，希特勒走进福煦当年坐的那节车厢，坐在福煦当年坐的那把椅子上，5 分钟后，亨茨格将军率领法国代表团走上车来。法兰西向希特勒举起了双手……

三

命运之神在不列颠决战

1940 年 5 月 10 日—6 月 21 日，德国军队仅用了 40 天就横扫西欧。举目四望，欧洲已是希特勒的天下：奥地利、捷克斯洛伐克早已成为他的囊中之物；波兰、挪威、丹麦、比利时、荷兰等国相继陷进德国军队的铁蹄之下；似乎不可征服的法兰西也匍匐在希特勒脚下了；意大利、西班牙则成了德国的小伙伴。苏联倒是希特勒的心腹大患，但苏德签订了友好条约，很难想象苏联会在希特勒如日中天之时与德国过不去。英国兵败大陆，退守孤岛，无力反攻。翻开欧洲历史，很难找到几个能与希特勒匹敌的征服者。此时的希特勒，不亚于最辉煌时期的拿破仑。

希特勒于是不可一世了，他说，他要把过去 400 年间德国丧失的领土全都夺回来。对英国，希特勒倒是很"宽大为怀"，照他的想法，英国不必献纳太多，它可以保留英帝国，它对此一定会感激涕零的。打败法国后，希特勒认为战争已经结束了，因此，一些德国将领的休假得到批准，部分空军从西线调走，6 月 22 日，35 个陆军师被解散。7 月 19 日，希特勒发表了一篇得意扬扬的演说，预言丘吉尔很快就会去加拿大避难。他说，他以胜利者的身份呼吁大不列颠诉诸理智，不要再作无谓的抵抗。希特勒的想法不无道理，投降前夕的法国军事当局也认为，不出三个星期，英国就会像一只小鸡似的被德国拧断脖子。

英国的处境的确万分危急。敦刻尔克大撤退之后，英国缩回孤岛，势单力薄。重型军事装备大部分遗弃在欧洲大陆，陆军只剩下500门大炮，200辆坦克。轻武器也严重匮乏，仓促受训的国民自卫军使用的竟然是棍棒，只有几个训练有素的旅守卫着几千英里的海岸线。空军尚有比较强大的战斗力，拥有700架战斗机、500架轰炸机。但是，与德国空军相比，英国空军的实力远远不足：两军的飞机虽说在质量上相差无几，数量上却极其悬殊，英国空军的飞机数只及德国的二分之一。英国唯一占优势的军事力量是海军，但海军要防卫数千英里的海疆和漫长的海上交通线，也是捉襟见肘。

占据如此巨大的优势，希特勒自然相信英国独木难支，很快就会屈膝求和。但是，英国没有被强敌吓倒，对希特勒的"宽大"也颇不领情。1940年6月4日，新上任的首相丘吉尔在议会向全国人民发表演说，清楚地表明了英国的立场——"我们将战斗到底。我们将在法国作战，我们将在海上和大洋中作战，我们将具有愈来愈大的信心和愈来愈强的力量在空中作战；我们将不惜任何代价防卫本土，我们将在海滩上作战，我们将在敌人登陆的地点作战，我们将在田野和街头作战，我们将在山区作战；我们决不投降；即便我们这个岛屿或这个岛屿的大部分被征服并陷于饥饿之中……我们在海外的帝国臣民，在英国舰队的武装和保护之下也将继续战斗……"

对英国的"顽固不化"，希特勒极其恼怒，他不能容忍这个孤立无援的小岛抗拒战无不胜的第三帝国，更重要的是，英国不倒，被征服的欧洲诸国就会企图卷土重来，美国和苏联就有可能卷入战争，德国的胜利就不可能稳固。但是，他又感到手足无措：假如短兵相接，消灭英国军队不会太难，可偏偏大海挡住了德国的钢铁大军，令德国陆军只能望洋兴叹。按照希特勒长远的战略部署，是要封锁不列颠岛，困死英国人，这也是拿破仑当年对付英国的招数。但德国海军远不是英国海军的对手，原指望潜艇能解决问题，不料未能如愿，海洋仍是英国人的地盘。不得已，希特勒决定入侵不列颠。打败法国之后，由于他相信英国会投降，入侵的念头并不坚定；待英国毫无求和之意，希特勒才认真考虑入侵问题。6月底7月初，德国最高统帅部打定主意。7月16日，希特勒下达指令：制订入侵英国的军事计划。到8月中旬，德国已完成了入侵英国的准备工作——这个计划称为"海狮计划"。根据德国总参谋部的部署，参加入侵行动的部队由A、B两个集团军群组成。伦斯德陆军元帅统率A集团军群，担当主攻任务。A集团军群兵分两翼，左为第16集团军，右为第9集团军，分别在凯特尔河和塞纳河各港登船，在英国东南部的福克斯和布赖顿之间会合。另有一个空降师配合A集团军群行动，空降并迅速占领多佛尔—福克斯通地区。该集团军群行动的头四天，拟动用10个师登陆，建立一个大桥头堡。一星期后，入侵部队向内陆大举推进，先取泰晤士河到朴次茅斯之间的高地，然后从西面切断伦敦与内地的联系。B集团军群负责助攻，第一次入侵拟使用10个师，在莱姆湾登陆，并迅速推进到塞文河口。首次登陆成功后，该集团军群应立即发动第二次入侵，动用6个装甲师和3个摩托化师发动猛烈冲击。紧接着第二次入侵，再发起第三次、第四次入侵的浪潮，分别动用 8 个和 9 个步兵师（每师配备 650 辆坦克）。根据德国计划，首次入侵行动需要 155 艘运输舰和 3000 多艘小船，如果真的执行，这次行动将成为人类历史上最大的一次登陆入侵行动。"海狮计划"制订完毕，德军即开始作准备。大批船舶从欧洲各地调到英吉利海峡各港口，陆军开始进行登船、下船训练。

一千年以来，蓝色的海洋一直护佑着不列颠。自 1066 年威廉一世入侵以来，没有任何军队能够越过海峡屏障，成功地侵入不列颠。1588 年，欧洲霸主西班牙的腓力二世派遣"无敌舰队"征伐英格兰，被英格兰舰队打得樯倾楫摧，落荒而逃；拿破仑统治欧洲大陆时，曾在布伦港集结大军，准备进军不列颠，但尚未启程，其海军就被英国主将纳尔逊的舰队悉数歼灭，兵败特拉法加，拿破仑只好放弃入侵计划。如今，英国仍然有海洋作天然屏护，英国海军仍然掌握着海洋的控制权。那么，希特勒凭靠什么去突破海洋天险、躲过英国海军的阻击呢？就算舰艇能侥幸靠岸，他又指望用什么去攻破英国人拼死防守的海岸防线呢？答案只有一个，那就是德国空军。自第一次世界大战以来，空军得到迅猛发展。到第二次世界大战爆发，空军已成为决定性的战斗力量。德国空军在波兰、挪威、丹麦和西线的战斗中所发挥的重大作用有目共睹，一旦取得空中优势，空军的作战行动能够给敌人地面部队以毁灭性打击，海军也难以抵挡空中的攻击，因此，希特勒把宝押在德国空军身上。德国海、陆军将领也都指望空军的保护和支援：陆军要靠海军把他们运过英吉利海峡，海军则需要空军阻截英国海军的攻击，登陆之后，还需要空军有效地轰炸英国地面部队和军事设施，才能确保胜利。而空军要完成上述任务，就必须消灭英国空军以赢得制空权。因此，希特勒和三军将领一致认为，应首先发动空中攻势。希特勒明确指示，能否于1940年执行"海狮计划"，取决于空中攻势的结果。

于是，双方都竭尽全力准备空战。德国空军司令戈林坐镇指挥全局，参加空战的计有第2、第3和第5航空队，以第2、第3航空队为主。凯塞林陆军元帅指挥的第2航空队驻扎在法国东北部和荷兰、比利时一带，施佩勒陆军元帅指挥的第3航空队驻扎在法国北部和西北部，两个航空队共有875架高空轰炸机、316架俯冲轰炸机和929架战斗机。施通普夫将军指挥的第5航空队驻扎在挪威和丹麦，有123架高空轰炸机和一些战斗机及俯冲轰炸机。戈林信心十足，跃跃欲试，他认为，单凭德国空军就足以让英国人屈服。德国空军将士挟连战皆捷的威风和傲气，摩拳擦掌，根本不把英国人放在眼里。当时英国空军大约有750架战斗机，分为4个战斗机大队（25个战斗机中队），分别驻守在伦敦、纽卡斯尔、普利茅斯和曼彻斯特周围，另有500架轰炸机可供使用。英国空军司令道丁负责全面指挥空战。为对付德国空军的轰炸，英国加紧构筑防空网，地面防空以高射炮部队为主，陆军中将派尔爵士任高射炮统帅部司令。为防备德机的低空轰炸，英国在5000英尺上空设置了气球阻塞网，另外，还安装了数千台强光探照灯，用以夜间帮助射击敌机。英国还布置大量人工瞭望哨，并加快研制秘密武器——雷达，建造雷达站。

对英国来说，这是一场生死之战。全国人民都憋足了劲，投入这场生死搏斗。大街上到处可见丘吉尔的演讲词："我们来献身国家吧，我们需要参加战斗、参加工作，每人站在他的岗位上！"一位茶房老板曾对一位美国记者说："要是我们死，我们愿意死，我们知道为什么捐躯。"有人说，英国人是一个爱好比赛的民族，这话不错。一提比赛，英国人总是劲头十足。许多英国人把与德国的这场战斗看作一场体育比赛，有位军人俱乐部的侍者曾对一个垂头丧气的会员说："不管怎样，先生，我们已经参加了这场决赛，而且就在咱们自家的运动场上决赛咧！"虽然局势危急，英国人仍不失其沉稳、自信的本性，他们说，柏林正流行一种游戏，比赛谁先到伦敦，身在伦敦的丘吉尔却说："我们正等着德国人呢，连海里的鱼也在等待。"

7月10日，不列颠空战正式拉开帷幕。

这天，德国空军发起试探性攻击，轰炸了英吉利海峡中的英国护航队和英国南部一些港口，目的在试探英国空军的反应，德国空军想诱使英国战斗机离开基地到海峡上空来交战，然后予以消灭。对德国来说，能在英吉利海峡上空与英国战斗机决战最为理想，这里距第2、第3航空队基地很近，地利方面不吃亏，而且不会遭到英国高射炮和阻塞气球的打击。但英国空军拒不上当，坚守英国本土。他们的目标不是消灭敌人空军，而是保卫本土的安全。拼消耗，英国空军拼不过德国，他们要保存有限的力量，对付德机对英国本土的进犯，不让德国夺走制空权。德国空军的试探进攻一直持续到8月上旬，其间德机损失286架，英国损失战斗机150架。

8月1日，希特勒下达了对英空战和海战的总动员令："为了创造最后打败英国的必要条件，我打算加强对英国本土的海战和空战。为此，我命令：德国空军要使用其拥有的所有兵力尽快打垮英国空军。德国空军的攻击首先应针对敌之飞机、空军地面部队以及补给系统，而且还应针对敌之航空工业及生产高射兵器的工厂。"按照希特勒的指令，一旦取得局部空中优势，空战即转向对英国港口、内

英伦空战中的防空气球

地给养中心的轰炸；空军还应始终为海军攻击目标提供有力支援，全力以赴支持"海狮"行动。根据气象条件，戈林将首次大规模强化攻击的日期定在 8 月 8 日，后由于气象原因，推迟至 8 月 13 日。戈林将 8 月 13 日命名为"鹰日"，他相信，只需四个好天气，德国空军就能取得空中优势。

这天上午，英国东南部上空堆积着厚厚的云层，地面被阴云笼罩，能见度很低，德机难以实施有效攻击。戈林不得不将大规模进攻推迟到下午。8 月 13 日下午至 14 日天亮前，德国第 2、第 3 航空队 485 架轰炸机和 1000 架护航战斗机参与攻击，共出动 1485 架次。由于各地区天气情况不同，德机第 2、第 3 航空队未能同时出动。一批又一批的德机编队扑向英国东南部的战斗机场和雷达站，从下午到夜间，炸弹爆炸声不断。英国东南部的曼斯顿、霍金格和林普尼战斗机机场以及东南沿海的几个雷达站被德机炸弹击中，损坏严重。

戈林本想给英国空军猛然一记重击，打英国空军一个措手不及。但英国人掌握了一项他尚不清楚的预警技术——雷达，致使戈林未能得手。由阿普尔顿爵士和罗伯特·W. 瓦特发明的雷达此时已投付使用，英国在沿海建立了一个雷达网，能在 60 英里之内发现来犯的敌机。德机尚未冲过海峡上空，英国雷达就已显示出德机的图像，并能探测其规模。这种雷达还能指挥自己的飞机在空中行动。此外，英国科学家还破译了德国轰炸机的控制系统，可以发出相同的信号，诱骗德国轰炸机偏离航道和轰炸目标。由于这些先进技术的帮助，德国空军无法像在波兰那样以突然的猛烈轰炸将敌机歼灭于地面，也无法偷袭攻击目标，因为英国战斗机接到雷达警报后，可以中途阻击德国轰炸机。"鹰日"这天，英国空军出动大部分战斗机拦截德军轰炸机。德国轰炸机大多没有空战能力，遇到攻击，只有逃跑一招。在英国战斗机和高射炮的攻击下，德国损失45架轰炸机和战斗机，而英国战斗机只有15架被击落。

8月15日至16日夜间，不列颠空战出现第一次高潮。早晨，天气晴朗，万里无云，德国第2、第3航空队动用500架轰炸机和1000多架护航战斗机飞临英国上空，总架次达1786个之多。德国战斗机在阳光照耀下银光闪闪，一个编队紧随一个编队，呼啸而过，轰鸣声震耳欲聋。德机刚飞临海岸，英国战斗机从各个机场展翅而起，奋勇前往截击。霎时间，英国南部和东南部上空满是密密层层的战鹰。英国战斗机直冲德国轰炸机而上，德国护航战斗机则迎面接火。双方战斗机在空中翻飞腾转，追逐厮杀，一片混战。飞临目标上空的德国轰炸机投下重型高爆炸弹，英国高射炮则众炮齐射，炸弹和炮弹爆炸声震天动地。

午后不久，德国第5航空队的100多架轰炸机，分成两个编队从北海飞临英国纽卡斯尔和约克郡上空，轰炸驻守在该地区的英国第13战斗机大队的机场。这批德机中的一队约有65架轰炸机、35架梅式110型战斗护航机，它们甫临目标上空，就遇到英国第13战斗机大队战斗机和高射炮的猛烈攻击，丢下15架飞机后逃遁而去。另一支编队由50架轰炸机组成，没有护航战斗机，直冲约克郡德里菲尔英国轰炸机基地而来。英国第12战斗机大队驻守该地区，旋即派遣三个中队迎战。但大部分德机冲破英机拦截，在德里菲尔轰炸机基地上空投弹成功。

在第5航空队发起进攻的同时，第2、第3航空队对英国南部持续发动进攻。一个30架轰炸机组成的编队在大批战斗机保护下飞抵

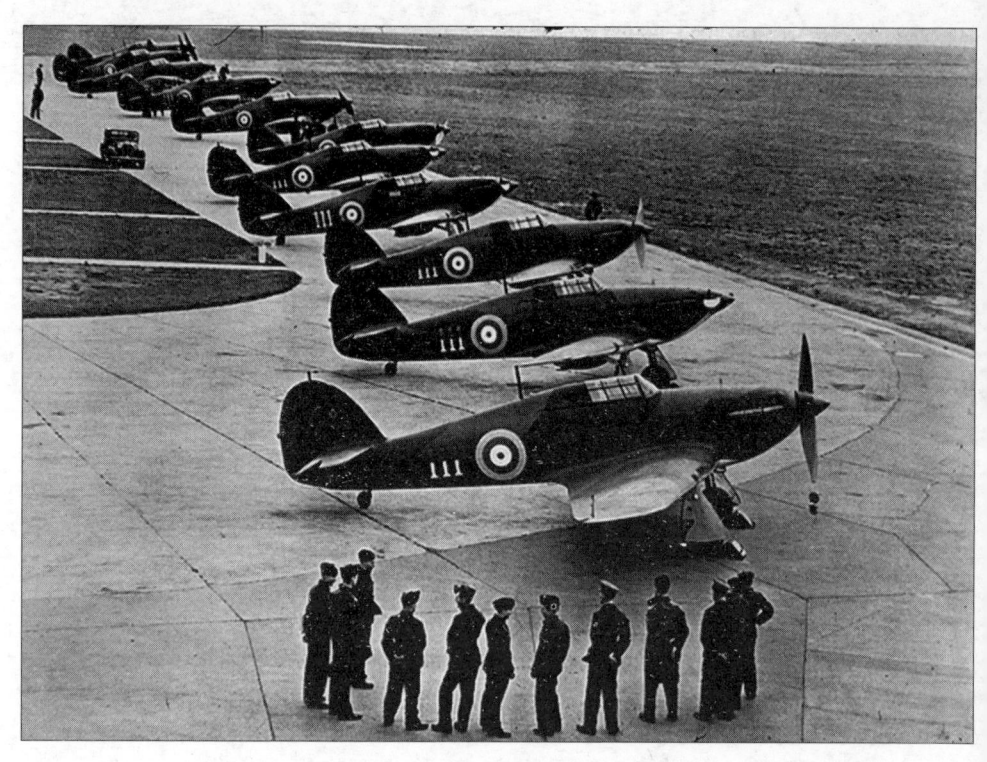

英国皇家空军机场

罗彻斯特，轰炸了肖特飞机厂；另有 24 架战斗轰炸机空袭萨福克的马特尔沙姆荒野战斗机机场。德机的轮番空袭非常频繁，以致英国雷达图像紊乱，英军派出的迎战飞机来回追击，疲于奔命，陷入应付不及的境地。下午 6 时，德第 3 航空队的 200 架飞机，涌过海峡，飞向英国南部的几个机场。接到雷达警报后，驻守南部的英国第 10、第 11 战斗机大队派出 14 个中队立即起飞迎敌。英国起飞的 170 架战斗机将德机打退，德机未能得手。不久，第 2 航空队的 100 架飞机杀至英国东南部，但遇到有力抵抗，进攻未果。其后，德机进攻直至 16 日夜间，但规模渐小。

8 月 15 日至 16 日夜间的空战是一场关键性决战，双方打了个平手。英空军受到严重打击，损失很大：有 34 架战斗机被击落，许多机场和雷达站遭到破坏。但英军经受了考验，有力地回击了德军气势汹汹的猛烈进攻。德国空军尽管有所得，但代价惨重，战果平平。德机损失 75 架，与英机交战没占到任何便宜。这次空战证明，德国轰炸机再也无力像在大陆那样随心所欲地进行轰炸了，没有战斗机护航，大部分轰炸机（除战斗轰炸机外）不能单独执行轰炸任务。高空轰炸机尚可冒险单独出战，而在大陆上慑人胆魄的斯图卡式俯冲轰炸机则绝难离开战斗机护航，否则简直就是有去无回。

8 月 19 日，戈林召开参谋长会议讨论下一步行动。戈林和与会的空军参谋长们认为，德军的进攻已给英国战斗机以沉重打击，应乘势穷追猛打，发动新的攻势，干掉英国战斗机队。

8 月 24 日，戈林命令第 2、第 3 航空队开始新攻势。这次攻势中，德机运用了新战术。第 2 航空队出击时，将一部分飞机滞留在海峡上空吸引、迷惑英国空军。凯塞林隐隐约约知道，英国人有一种可以预报德机到来的装置，他想利用海峡上空的飞机分散英国战斗机的注意力，使英机不能全力对付进犯之敌。这一招果然奏效。帕克空军少将指挥的英国第 11 战斗机大队弄不准海峡上空的敌机何时会冲过来，雷达也辨别不出德机是轰炸机还是战斗机，致使帕克不知如何对付。德机还改变了轰炸战术，变以往编队集中投弹为分散轰炸，即进入目标地区后立即散开，分别轰炸。这使得英国战斗机不能集中攻击德机，穷于应付分散的对象。德国空军 8 月 24 日轰炸的重点是伦敦周围地区的英国空军基地和设施，靠近伦敦的北威尔德和霍恩彻奇战斗机场遭到德机空袭，靠高射炮的有效防御才幸免于难。同一天，德第 3 航空队还对英国南部的朴次茅斯造船厂进行轰炸，朴次茅斯多处挨炸，受损严重。

24 日晚上，10 架德国轰炸机越过海峡，再次窜到伦敦上空。它们拟对罗彻斯特和泰晤士港口投弹，但由于途中迷航，这 10 架轰炸机误将伦敦当成了所要轰炸的目标，一股脑儿把所载炸弹倾泻在伦敦市中心。这一袭击事关重大，是否轰炸伦敦应该由希特勒直接决定，没有他的命令，不准袭击伦敦。希特勒害怕对伦敦的恐怖轰炸会引起英国的报复，担心英国的抵抗决心愈难动摇，所以，开战以来一直禁止轰炸伦敦。果然，英国轰炸机于第二天夜间对柏林发动了报复空袭。英军的报复激怒了希特勒，不久，希特勒下令，德机可以有限制地轰炸伦敦。德国的这次新攻势一直持续到 9 月初。

8 月 24 日后，德机继续猛烈轰炸英国各处目标，同时，德国战斗机加强护航行动，每架轰炸机后跟随两架战斗机担任护航。英国战斗机愈来愈难以拦击德国轰炸机，仅 8 月 31 日这一天，英国就有 39 架战斗机被德国护航机击落。英国战斗机数量有限，经受不住这么大的损失，越来越难以有效地拦阻德机进攻。英国东南部、南部和西南部的机场和空军其他设施损失严重，人们要求道丁倾力迎战，保护屡次挨炸的地区。但是，道丁非常冷静、明智，他在英国北部保留了20个战斗机中队，坚决不与德机拼消耗。他深知，一旦英机消耗殆尽，德机就会夺走空中控制权，后果不堪设想。而只要英国能维持一定数量的战斗机，德机就不能为所欲为。整个8月，英国空军已损失338架飓风式和喷气式战斗机，另有104架严重损坏。道丁宁可让德机多投一些炸弹，也要保存实力，以便维持长期的战斗力。

9月3日，戈林在海牙再次召开参谋长会议，会议决定：集中轰炸伦敦，昼夜进行，对其他目标的袭击也继续下去。9月7日下午，第2航空队发动首次对伦敦的大规模白昼空袭。戈林和凯塞林亲临法国加来和维桑之间的白鼻子角山崖上观战，目送1000架第2航空队的庞大机群向伦敦进发。这个机群由300多架轰炸机和648架战斗机组成，在13000—19500英尺的高空一层层排成梯形，铺天盖地地飞向伦敦。英国空军没想到德机会白昼空袭伦敦，以为德机要袭击泰晤士河以北的目标，所以未去保卫伦敦。英国第11战斗机大队的4个中队奉命起飞，在泰晤士河以北空域集结，准备迎击德机。但德机在未受英国战斗机攻击的情况下仍然没有瞄准目标，大部分炸弹投到了人烟稠密的伦敦东区。大量东区民居被炸，死伤平民1600多人，并引发熊熊大火，大火映红了伦敦城。晚上8时，德机在大火引导下开始夜袭。夜袭引燃更多的建筑物。戈林当夜打电话给他妻子说"伦敦烧起来了"，十分得意。英国战斗机得知德机大规模轰炸伦敦，派机前往救助，以损失28架的代价击落敌机41架。

伦敦的探照灯一齐打开，射向天空，264 门高射炮实施"弹幕射击"，伦敦上空完全被炮火覆盖，宛若万朵节日焰火竞放，十分美丽、壮观。9 日下午，凯塞林对伦敦发动第二次白昼轰炸，但英国第 11 战斗机大队早有防备，9 个中队准时进入阵地，第 10、第 12 大队也派出飞机迎敌。多数德机未到伦敦即被击溃，不到半数轰炸机冲过英机防线，但都没有击中目标。

德机对伦敦的轰炸给伦敦造成重大财产、生命损失，但却拯救了英国的战斗机。德机轰炸伦敦，减少了对英国战斗机机场、设施的袭击，为英国战斗机提供了喘息之机。英军抓住机会，迅速恢复战斗力。9 月 15 日，德国第 2 航空队又一次掀起白昼空袭伦敦的高潮，英国战斗机也悉数上阵迎战。双方在伦敦周围上空展开了一场大决战。德机的攻击从早晨便已开始，每次出动 250 架飞机。首批德机刚飞临英国沿海，便遇到英国战斗机的拦击，一路上受到英国 22 个战斗机中队的进攻。英机专打德国轰炸机，见到轰炸机便迅猛一阵狂射，然后立即散开，避免与德国护航战斗机交手。经过英机层层拦截，首批德机仅有 148 架轰炸机到达伦敦上空，它们慌忙扔下炸弹，掉头就往回飞逃。但刚刚掉过头来，早已埋伏好的英国杜克斯福德联队 60 架战斗机就勇猛冲了过来，德机抱头鼠窜，多架中弹跌落。若不是英机高度不够，就会有更多的德机无以生还。上午的空战持续了 90 分钟，德机损失惨重，战果甚微，多数进攻被英机打退，得不偿失。下午，德机借助阴云掩护，继续发动进攻。大批德机穿云破雾顺利抵达伦敦上空，成吨成吨的炸弹向伦敦倾泻，伦敦东区再次成为重灾区，无数民居被炸。但尽管气象条件不利，英国战斗机仍然勇敢起飞应战，击落许多敌机。下午的空战又打了 90

分钟，德机还是没有占到便宜。英机在一天的空战中，大获全胜，创下了每分钟击落敌机 2 架的辉煌纪录，共击落敌机 185 架，自己只损失了 25 架战斗机。此外，双方飞行员的损失更为悬殊：德国丧失 500 名，英国则只有 11 名。这天空战是不列颠空战的转折点，英国后来将 9 月 15 日定为不列颠之战的纪念日。9 月 17 日，希特勒把执行"海狮计划"的日期推迟到"另待通知"。18 日，他命令停止在英吉利海峡各港口集结船舶，并疏散已集结的船舶。此后，冬季恶劣的气候到来，德国空军逐渐无法再发动大规模攻势了。整个 9 月下旬，德机又发动几次较大规模的进攻，但每次都付出惨重代价。

11 月初，戈林发布新命令，规定只准在夜间轰炸伦敦和其他城市、工业中心及港口。11 月 14 日，德国轰炸机对工业中心考文垂进行了恐怖空袭。那天夜里，明月高悬，德国轰炸机借助月光和特种"导航机"部队的引导飞临考文垂上空。英国战斗机缺乏夜战能力，无力有效打击德机。德机从容泻下无以计数的炸弹，考文垂被夷为一片平地。毁灭考文垂还有一个意图，即打击英国人民的士气，纳粹宣传部长戈培尔创造了一个新词：考文垂化，借以吓唬英国人民。其后不久，伯明翰、南安普敦、布里斯托尔、普利茅斯和利物浦等城市也遭到德机的大规模轰炸。这些轰炸都是夜间进行的，德机每夜出动 750 多架次轰炸机，投弹 1000 多吨。

到了 1941 年春季，德机的进攻呈强弩之末了。5 月 16 日，德国空军正式结束所谓的"闪电战"，大部分飞机调往东方，准备入侵苏联。

看起来是战无不胜的德国空军在不列颠上空结束了自己的辉煌时期。整个不列颠空战期间，德机的损失比英机多出一倍以上，仅

1940 年 7 月至 10 月，德机就损失 1733 架，而英机仅损失 915 架。德国空军没有打垮英国空军，制空权一直处在激烈的争夺之中，双方势均力敌。德国轰炸机对伦敦等大城市的空袭给英国造成重大损失，伦敦日复一日、夜复一夜地遭受轰炸，平均每天受到 250 架轰炸机的攻击。成千上万的民居和店铺倒塌，举世闻名的圣保罗大教堂破坏严重，国王居住的白金汉宫也未能幸免。英国的军事和交通设施、工业中心无不蒙受巨大损失。但是，英国的这些损失未能使英国人屈服，反而激发了他们的士气，坚定了他们的信心。伦敦居民每天正常上班，极少恐慌。许多人夜里被埋在废墟底下，白天被救后，掸掸身上的尘土转身又去工作了。有一则故事说，一个裁缝每次轰炸后就在门上贴一张"照常营业"的条子。一天夜里，他的店铺门面被炸毁，他照例又写了一张纸条贴在门旁的墙上：营业更加正常。在死亡面前，许许多多普通人创造了奇迹，表现了高尚的牺牲精神。有一个未爆炸弹清除队的事迹广为流传：这个清除队由三个志愿人员组成，萨福克伯爵、他的女秘书和他的上了年纪的汽车司机，他们专门排除德机投下的未爆炸弹。三个人坐着汽车到处寻找未爆炸弹，既勇敢沉着，又心细如丝，屡屡成功，成了闻名遐迩的清除炸弹大王。这个自称为"三位一体"的小组连续排除 34 颗未爆炸弹，一时传为佳话，但他们在挖第 35 颗炸弹时出了事故，三个人全都被炸死。英国人民如此不畏牺牲，戈林的恐怖轰炸又怎能奈何得了呢！

　　不列颠之战的胜利对整个二战的进程和结局产生了重大影响，它不仅拯救了不列颠，而且成为英国从防御转向进攻的转折点。丘吉尔曾表示，英国 25 个中队的战斗机改变了英国的命运。不列颠的命运在很大程度上又代表着世界的命运，假如希特勒真的打赢了不列颠空战，德国军队就极有可能成功地登陆不列颠，征服英国。英国一旦陷落，欧洲乃至全世界的命运就很难说了。不列颠之战后，英国站稳了脚跟，开始在世界各地与德、意等轴心国一决雌雄。英国的胜利极大地鼓舞了欧洲各被奴役国家的人民，点燃了他们起而抵抗的烈火，增强了他们获得最后胜利的信心。从此，新的战斗以各种形式在欧洲各地蓬勃兴起……

大西洋会谈

四

"我们是在同一条船上"

纳粹狂飙席卷欧洲，使各民族生存都受到严重威胁。不幸的是，在战争爆发之前，以英、法两大国为首的欧洲国家大多陷入绥靖主义泥淖。他们错误地认为，希特勒的领土要求仅限于那些有日耳曼人居住和讲德语的地区；只要把这些地方交给他，其他国家就可以高枕无忧，永保太平。英法两国于是一再对希特勒让步，许多小国则追随于英、法之后；即使它们不追随，其实力也不足以抵抗德国。苏联虽然很早就呼吁各国联合起来，共同抵制法西斯，但孤掌难鸣，而且它和英法之间互相猜疑，意识形态水火不相容。德军入侵波兰之前，它还和希特勒签订了《苏德互不侵犯条约》，使德国解除了后顾之忧，不必担心苏联会出兵援助波兰。这样，欧洲国家不仅没有在法西斯毒芽刚露头时就掐死它，反而让这股祸水在绥靖主义的纵容下恣意横流。

战争爆发后，被侵略国家的利益终于渐趋一致。面对国家存亡、民族兴衰的危急关头，各国逐渐意识到，只有相互支持、同心协力，才能打败如此强大、凶恶无比的共同敌人。于是，反法西斯统一战线开始渐渐形成了。反法西斯统一战线的形成，为赢取第二次世界大战的伟大胜利奠定了坚实的基础。

不列颠之战后，英国人增添了继续战斗的信心，同时也获得了世界声誉。被德国占领的欧洲各国政府开始向伦敦汇集，在伦敦继续组织国内的抵抗运动，并在国际上为反法西斯侵略斗争呼号呐喊。这样，以英国为核心，加上在伦敦的八个流亡政府（比利时、捷克斯洛伐克、希腊、卢森堡、荷兰、挪威、波兰、南斯拉夫），以及这些国家在海外的自治领地和殖民地，一个反法西斯同盟的雏形开始出现。但仅靠这个小同盟，还不足以对付强悍的德、意法西斯侵略者。要赢得胜利，必须争取更多的盟友。英国早在战争爆发之初，就向美国伸出了求援之手。

罗斯福总统在国情咨文中指出，如今在地球上不论何处发生侵略，没有一个国家会安然无恙。他劝告国会说，美国在战争中固守中立当然是对的，但仍有别的有效的方式"可以对付侵略者"。欧战爆发前，罗斯福还试图对德国施加影响，避免战祸。他曾于 4 月 15 日向全世界发表广播讲话，呼吁德、意独裁者对世界和平承担责任，却遭到了希特勒的冷嘲热讽。当时美国有许多孤立主义者，他们反对美国干预欧洲事务，对罗斯福受侮辱幸灾乐祸。一个叫海勃姆·约翰逊的人还恶意地描述了这件事，他说希特勒"词锋雄健、理直气壮"，而罗斯福则"刚张开嘴，就挨了一记响亮的耳光"。罗斯福认识到，对希特勒不必再费口舌，最有效的回答是通过修改中立法，给英、法等国以实际的支援。由于国会中的孤立主义势力很强大，要修改中立法，对反法西斯国家出售武器，实在是一件很困难的事。

欧战爆发第三天，罗斯福在白宫居室温暖的壁炉边，发表了一篇广播讲话，宣布美国在战争中保持中立。但他又继续说，并不能要求每个美国人在思想上也是中立的。罗斯福在"炉边谈话"中，公开地表示了对反法西斯国家的同情。随后，他加快了修改中立法的步伐，批评它实际上是帮助了侵略者，而不给受害者以任何援助，这并不公平。另据盖洛普民意测验，当时60%的美国公众赞成撤销武器禁运，80%的人同情同盟国，援助它们已成为一种趋势。在罗斯福的坚持下，国会终于让步。1939年11月，中立法被修改，规定可以用"现购自运"的方式，向交战国出售武器和战略物资。事实上，美国要做的仅是卖武器给英、法等同盟国，它从来没有把修改过的中立法应用于德、意法西斯轴心国，也没有向它们出售过一件武器。由于英国有强大的海军和发达的海上运输船队，美国不必担心英国买了武器后运不回去。中立法的修改，是美国向参战道路迈出的第一步。

美国的援助对象主要是英国。法国失败不久，美国就将军火库中的50万支步枪、8万挺机关枪、900门大炮和100万发炮弹等运往英国，对处于德军肆虐下的英国，这不啻是雪中送炭。英国没有像法国魏刚将军预言的那样，不出三个星期"就会像一只小鸡那样给人拧断脖子"，即与美国的支持很有关系。英国经受了不列颠之战的考验后，英美两国关系得到了进一步发展。9月初，应丘吉尔的请求，美、英达成以驱逐舰交换基地的协定，美国把50艘旧驱逐舰转让给英国，换得在英属阿伐隆半岛、纽芬兰和百慕大群岛等8个岛屿建立军事基地的权利。这个协定既解决了英国海军面临的困难，也为美国取得了具有战略意义的基地，双方各有所得，美国在支持同盟国的道路上越走越快。

1940 年 11 月，罗斯福第三次当选为总统，保证了美国政策的延续性。随着战争的旷日持久，英国黄金和外汇流失非常严重，储备日益枯竭，财政陷入严重的危机。11 月 23 日，英国驻美大使洛西恩勋爵把这一问题公布于世，成为报纸上的头条新闻。洛西恩对一群美国记者无可奈何地摊开手，说："是啊，朋友们，英国破产了，现在希望你们给点钱。"由于无力再用现款购买武器，丘吉尔于 12 月 8 日给罗斯福写了一封他自称为"我写的最重要信件之一"的信，在信中说明了英国的危急与困难，要求改变支付现款购买武器的办法。罗斯福的顾问们也对罗斯福强调指出了英国财政困难的紧迫性，于是罗斯福提出了一个解决办法——租借法案。

12 月 17 日，罗斯福在记者招待会上表示，美国愿意用贷款或租借的方法，给英国和其他被侵略国家提供武器和物资援助，受援国可以俟战后再归还。为了解释清楚，罗斯福特意举了个例子：假如一个人的邻居家失火，而他正好有一节浇花园用的水龙管子，只要把这条管子接到邻居家的自来水龙头上，就可以把火扑灭，这时，他该怎么做呢？罗斯福说："我不会对他说，'喂，老兄，这条水管花了我 15 美元，你得照价付钱才能使用'……我不想要那 15 美元——把火扑灭后，我把水管拿回来就是了。"罗斯福的例子表明，他也想在同样的条件下把军需品"借"给英国。

1941 年 1 月 6 日，罗斯福正式向国会提交咨文，要求国会批准《租借法案》，否则，英国这头"奶牛"的奶一旦被挤光，就完了。经过激烈的辩论，国会终于在 3 月 11 日通过这一法案，授权总统向对美国安全具有重大意义的国家出卖、转让、交换、租借或用其他方式处置防务用品，可以用美国船只运输武器和货物，战后受援国应归还这些物资。国会还当即拨了 70 亿美元的款项用于此法案，这等于给英国等反法西斯国家开了个几乎无限制的透支账户。到战争结束，美国用于租借法案的款项共达 500 多亿美元，其中英国独得 360 亿美元。美国的援助是反法西斯战争最终取得胜利的物质保证之一。

自 1941 年 1 月起，美英两国和英联邦自治领参谋部在华盛顿召开一系列秘密会议。3 月 27 日，ABC—1 计划出台，规定美英两国的主要战略目标是：首先，反对轴心国中德国这个首要敌人；其次，在打败德国之前，在远东对日本采取积极的防御手段。4 月，罗斯福命令海军和空军把在大西洋上的巡逻区扩大到西经 26°，从而保护了英国船只免遭德国舰艇的攻击。ABC—1 计划的制定，标志着美英两国军事合作的开始，美国日益进入同盟国阵营。

从 1939 年 9 月到 1941 年 4 月，在短短一年半的时间里，德国侵略者已在东、西、南三线全面进攻，占领了欧洲大陆的 14 个国家。不列颠之战受挫后，踌躇满志的希特勒把侵略目标转向苏联，打算先征服苏联，然后再回过头来收拾英国。

6 月 22 日凌晨，德国撕毁了 1939 年 8 月入侵波兰前夕与苏联签订的《苏德互不侵犯条约》，不宣而战地入侵苏联。接着，意大利、罗马尼亚等德国的盟国也向苏联宣战。希特勒以为，征服苏联"就像小孩玩沙盘游戏一样"轻而易举。21 日，即入侵前一天，他曾在客厅为密友施佩尔播放了李斯特《序曲》中的一个乐章，说，这就是刚刚选定的对苏战争的胜利进行曲，胜利后他们还将经常听到。希特勒还特意选择 100 多年前拿破仑进攻俄国的日期为侵苏日期，但他没有想到，他这一次也将和拿破仑一样，在苏联战场上惨遭失败，一步步走向灭亡的深渊。

苏德战争爆发，使苏联除了应战之外，还不得不向同盟国寻求帮助，以图共同对敌，这就使整个国际关系发生了巨大的变化。早在 1939 年 4 月，苏联就和英、法两国在莫斯科开始谈判，讨论联合对付纳粹德国扩张的问题。但当时双方都过多考虑自己的利益，只希望对方对自己承担义务，不希望自己被对方拴住。结果，反复谈了四个月，居然毫无进展。双方由于在意识形态方面长期对立，彼此间成见很深，互不信任，都怀疑对方的谈判诚意，更怀疑对方的建议中含有不可告人的动机。就在苏、英、法三国谈判之际，德国也开始同苏联接触；8 月中旬，为了保证按计划在 9 月 1 日进攻波兰，不受苏联的阻挠，希特勒决定满足苏联方面的所有条件，不惜一切代价与苏联签约。其结果就是 8 月 23 日的《苏德互不侵犯条约》。根据条约，苏联将在德国与其他国家的冲突中保持中立；而根据条约附加的"秘密协议书"，德国同意把当时独立的芬兰、爱沙尼亚、拉脱维亚和立陶宛等国划入苏联的势力范围。所以，当德军进攻波兰之后，苏联也立即进军东部波兰，不久以后又合并了爱沙尼亚、拉脱维亚和立陶宛。不过，希特勒从来不打算放过苏联，他对苏维埃制度的仇恨是根深蒂固的，在公开场合毫不掩饰对共产主义的仇恨，而且以消灭共产主义为己任。

英国在开战之后，由于形势不利，一直想拉拢苏联。1941 年春，当种种迹象表明德国有进攻苏联的意图时，英国曾多次向苏联发出警告，不过并未引起苏方的重视。希特勒进攻苏联的消息传到英国时，丘吉尔和外交大臣艾登正在丘吉尔的契克斯乡村别墅过周末。据艾登回忆，当天早上七点半钟，他还未及起床，首相的侍从就来到他的卧室。侍从轻松愉快地对他说："首相向您祝贺。德国军队已经进攻苏联了。"接着，就递过一只银盘，上面摆着一支丘吉尔嗜吸的又粗又长的雪茄烟。艾登披上睡袍走进丘吉尔的房间，两个人默默地享受这条消息带来的宽慰，连正在品尝的雪茄似乎也失去滋味了。丘吉尔和艾登知道，德国入侵苏联意味着什么。他们当即决定，由艾登去接见苏联驻英大使迈斯基，表明英国政府的态度，丘吉尔则准备当天晚上对全国的讲话。他们希望迅速争取到苏联，这会大大增强反法西斯的力量。

22 日晚，丘吉尔发表了著名的《关于德国侵略苏联的广播演说》，宣布英国将支持苏联和一切反希特勒的国家，打败纳粹的侵略。丘吉尔慷慨激昂地说："我们只有一个目标……消灭希特勒和纳粹政权的一切残余！"丘吉尔本人虽然是一个坚定的反共分子，但在民族危亡之际，意识形态的分歧当然要服从国家利益。在苏德战争爆发的前一天，他就对国会说过："即使希特勒闯进地狱，我也至少要在下院发表一篇同情魔鬼的声明。"共同的敌人终于把英苏两国拉进了同一战壕，它们若再不相互支持，就不能自救。

美国也和英国一样，对苏联伸出了友谊之手。23 日，美国代理国务卿韦尔斯发表《谴责德国侵略苏联的声明》，指出，希特勒的军队已成为对美洲各地的主要危险，因而，对希特勒主义的任何防御，都有利于美国的国防和安全。次日，罗斯福总统举行记者招待会，他宣布，所有抵抗轴心国侵略的国家，包括苏联，都将得到美国的援助。美国当天还宣布解除被冻结的 4000 万美元的苏联存款，让苏联人用来在美国采购物资。7 月 26 日，美国又允许苏联用现款购买美国的军用物资；到 10 月底，美国已向苏联运送了 4100 万美元的货物。同期，英国也已为苏联提供了约 450 架飞机。

　　苏联卷入战争后，为了扭转不利局面，掌握战争的主导权，也积极推行和英美合作的政策。7 月 3 日，斯大林在广播演说中宣称，苏联的战争将同欧洲和美洲各国的反法西斯斗争汇合在一起，"结成统一的战线"，共同对敌。8 日，斯大林接见英国驻苏大使克里普斯，向英国政府提出签订一项苏英联合宣言，规定两国在战争中的军事合作等问题，这个建议得到丘吉尔的赞同。后来，经过具体的磋商，双方决定不签署宣言，而只签订一项对德联合作战的协定。7 月 12 日，英苏两国签订了《在对德作战中联合行动的协定》，保证互相给予支持，不单独对德停战或媾和，等等。8 月 16 日，双方又达成关于贸易、贷款和支付的协定，英国同意给苏联 1000 万英镑的贷款。苏英关系迅速密切起来，离正式结盟已不远了。

　　美国在苏德战争的头两个星期里，仅向苏联提供了少量的非作战物资。当时，美国政界和军界的许多人怀疑苏联能否抗得住德国的入侵，他们对苏德战场的战局和苏联的实际需要也不清楚。为了克服这种障碍，罗斯福决定派他的私人顾问、负责美国租借事务的哈里·霍普金斯访问莫斯科，实地了解苏联的情况。霍普金斯带着总统致斯大林的亲笔信，于 7 月 30 日抵达莫斯科。他用了两天时间同苏联政府讨论美国对苏联的军事援助问题，包括可能援助的武器种类和物资数量等等。由于访问属于非正式性质，霍普金斯没有同苏方达成具体协议。但是通过访问，霍普金斯亲眼看到了苏联强大的军事潜力，掌握了苏军对德作战的比较详细的情况，也体察到苏联领导人的必胜信心。回国后，霍普金斯把他的所见所闻汇报给罗斯福，声称"对这条战线深深信赖"。霍普金斯的莫斯科之行，是战时英美同苏联关系的转折点，它澄清了英美两国对苏联能力的怀疑，促进了三国合作关系的发展。

8月2日，美国政府通知苏联，决定给予一切可能的经济援助，并把美苏贸易条约的有效期延长一年。十天后，美国派往苏联的第一个船队起航，驶往阿尔汉格尔斯克。美国从此大规模地开始了对苏联的援助。

苏联在努力发展与英美合作关系的同时，也积极同其他反法西斯国家发展外交关系。1941年夏，它相继与捷克斯洛伐克、波兰、南斯拉夫、比利时和挪威等国在伦敦的流亡政府建立了正式外交关系，并且和戴高乐将军领导的"自由法国"也建了交。反法西斯力量越来越壮大，形势也日益向好的方面转化。

为了更好地协调英美合作关系，确定战略部署，两国首脑决定举行一次会谈，会谈地点选在加拿大纽芬兰的阿根夏湾。1941年8月9日上午，丘吉尔经过长途跋涉，终于来到会晤地点。两国海军互致例行的敬礼以后，丘吉尔登上罗斯福总统乘坐的"奥古斯塔"号军舰，向总统致敬。罗斯福也以完全的礼仪接待了丘吉尔。随后，他们就开始会谈，会谈中虽然也有分歧和讨价还价，但英美双方在基本目标上是一致的，谈判进行得相当顺利。14日，英美两国发表了《联合宣言》，这就是著名的《大西洋宪章》。其主要内容是：美英两国不谋求领土和其他方面的扩张；尊重民族自由选择其政府形式的权利；反对不符合有关民族自由表达的愿望的领土变更；使一切国家都在平等的条件下进行贸易和获取原料，促进国家间的经济合作；在摧毁纳粹暴政之后，保障国际和平；保障公海航行自由；建立更广泛、更持久的普遍安全体系；实行裁军等等。

《大西洋宪章》提出了民主原则和"摧毁纳粹暴政"的精神，表达了反法西斯国家的心声。随后，苏英等 11 个反法西斯国家在伦敦召开同盟会议，苏联代表迈斯基代表政府发表声明，赞同大西洋宪章的各项基本原则，其他国家也先后表示支持。大西洋宪章是反法西斯国家走向联合的基点，它的产生是国际反法西斯同盟建立过程中的一块重要的里程碑。

在纽芬兰会晤中，罗斯福和丘吉尔还联名给斯大林发了电报，表达对苏联的友好态度，并建议三国派代表在莫斯科会谈，商讨对苏援助问题。斯大林答应了英美的建议，莫斯科会议于 9 月 29 日召开。三国代表全面地讨论了美英向苏联供应武器装备，苏联向美英提供原料和物资等问题，最终缔结了《对俄国供应第一号议定书》。议定书规定，从 1941 年 10 月 1 日到 1942 年 6 月 30 日，美英两国每月向苏联提供 500 辆坦克、400 架飞机和其他军用物资；苏联将为美英提供军事生产所需要的原料。

莫斯科三国会议进一步协调和加强了苏美英三国的军事和政治合作关系，不仅使它们得以动员一切力量反抗纳粹侵略，也促进了国际反法西斯同盟的形成。10 月 30 日，罗斯福写信通知斯大林，国会已批准议定书的全部援苏项目，并向苏联提供 10 亿美元的无息贷款，以解决苏联在美国采购军用物资时的财政困难。11 月 7 日，罗斯福又宣布，苏联已取得租借援助的资格，这就为苏联提供了源源不断地取得美国军援的便利条件。

美国不仅和英苏等同盟国在政治、经济、军事方面建立了密切的联系，而且到这个时候，也已在事实上卷入了对德国的战争。按照租借法案的规定，美国可以用自己的船只为同盟国运送租借物品，当美国海军为这些商船配备武装护航舰队，并进入英德作战区时，美国实际已站在英国一边。1941年7月9日，罗斯福宣布美国军队将接替英国对冰岛的占领，即由美国来控制北大西洋的航线，保证运输商队的安全航行。柏林方面立即对此作出反应，德国外长里宾特洛甫指出，美国军队侵入德国已正式宣布为战区的地方，这本身就是对德国和欧洲的侵略行为。德国海军也要求希特勒授权他们在必要时可以在护航区内击沉美国货船，并进攻美国军舰。但希特勒怕引起美国正式参战，不同意海军这样做。他还专门在19日发布了一项特别命令，规定在扩大的作战区域内，如遇到美国商船，不得进行攻击；只是在美国也承认是不可进入的封锁区内，才可以袭击美国商船。希特勒还特别说明，这个作战区不包括美国到冰岛之间的航路，"不"字下有希特勒自己加的着重号。

尽管如此，冲突仍无法避免。早在5月21日，一艘德国潜艇在德国封锁区外很远的地方，击沉了开往南非的美国货船"罗宾·莫尔"号。后来，又有美国商船遭到鱼雷袭击。9月4日，一艘德国潜艇向美国驱逐舰"格利尔"号发射了两枚鱼雷，未能命中。一周后，罗斯福对此作出反应，他宣布已下令海军对德国船只"一发现就开火"，还警告轴心国船只远离美国防区，否则是"自冒风险"。这惹恼了柏林，罗斯福被德国报刊骂成是"头号战争贩子"。不过，希特勒在一阵狂怒后，仍未解除禁止对美国船只进攻的命令。到11月13日，希特勒才发布新指令，同意海军在遭到美国军舰的攻击时进行自卫。而在此之前，双方真枪实弹的战斗已经开始。

10月16日夜间，美国驱逐舰"克尔纳"号在援助遭德国潜艇袭击的护航队时，发射了深水炸弹，德国潜艇也向它发射鱼雷，"克尔纳"号受创，有 11 名船员死亡，这是美国在第二次世界大战中的第一批伤亡。接着，又发生几起美德舰艇之战，双方实际已处于"不宣而战"的状态。尽管如此，罗斯福并不急于对德宣战。他告诉丘吉尔，美国会参战，但不加宣布。看来，美国在等待德国主动挑战。不过，没等德国动手，日本就率先发难，把美国拖入了大战的漩涡中。

日本在第二次世界大战前，主要在太平洋地区扩张势力，在这个地区，它和美国的利益相冲突。1941 年夏，日本认为南下占领东南亚，建立"大东亚共荣圈"的时刻已到，于是就挥师南下。7 月 24 日，日军开始在印度支那南部登陆。美国政府当天就提出抗议，指责日本的行动威胁了包括菲律宾在内的美国太平洋属地的安全，要求日军撤出印度支那。两天后，不见日本答复，美国就冻结了日本的一切在美资产，并废除日美贸易协定，迫使日本人让步。随后，英国、印度、缅甸和荷属东印度也相继冻结了日本资产，日本购买石油和其他原料的一切来源被断绝。现在问题很清楚：日本要么停止它的侵略行动，以获得购买和平时期所需原料的权利；要么就去袭击那些可能提供原料的地区；但这会引起日本和美英等国之间的全面战争。

在军国主义控制下，日本选择了后面这条路，准备以战争夺取原料，并控制整个太平洋地区。日本加紧了和德、意轴心国伙伴的联系，1941 年 9 月 27 日，德意日三国在柏林签署《德意日三国同盟条约》。条约规定，三国互相承认他国在战争中的既得利益，各国以一切手段相互支援。法西斯侵略国家的政治和军事联盟最终形成。不久，匈牙利、罗马尼亚和保加利亚等国也加入三国公约，扩大了法西斯阵营。另一方面，日本还假意要和美国通过谈判解决问题。日美谈判日复一日地拖延下来，成了掩护日本侵略行为的屏幕。而在一切都准备就绪之后，日本就撕下和谈的面具，主动袭击了美国。

1941年12月7日，星期日。天刚亮，停泊在夏威夷珍珠港上的美国太平洋舰队仍在沉睡中。这一天，岛上的美军在度过了一个慵懒放纵的周末之夜后，正在各自的小窝中做着美梦，丝毫不知道大祸即将临头。这时，日本航空母舰舰队已神不知、鬼不觉地接近了珍珠港。7时55分，日本飞机突然对美国海军基地和邻近的陆军飞机场进行空袭。由于猝不及防，美方损失惨重，许多舰艇和飞机来不及起动就被炸毁。其中，有8艘战列舰被炸沉、炸伤，总计17艘大型舰艇被毁；岛上机场全都被炸坏，飞机损失近200架，人员伤亡达4500人。仅经此短短一战，日本就使美国的太平洋舰队陷入瘫痪，令美国朝野震惊失色。

偷袭珍珠港的消息传到华盛顿时，据说，罗斯福正在给霍普金斯看他的集邮册，他表现得相当镇静。当天晚上，他的劳工部长弗朗西斯·珀金斯看到他时，发现总统脸部有一种"既紧张又镇静"的表情，身上也有如释重负的迹象。因为，罗斯福虽然伤心于海军遭到的巨大损失，但毕竟日本人已代他做出了参战的决定，他再也用不着为要和平还是要战争而伤透脑筋了。

12月8日，美国宣布和日本处于战争状态。同日，英国、加拿大、南非和荷兰等国家也向日本宣战。这些国家虽然还不是美国的盟国，但它们知道，所有的法西斯国家都是人类的共同敌人，只有对这些国家采取统一的对抗行动，才能从根本上拯救自己的家园。11日，德国和意大利向美国宣战，美国也同样回敬了它们。日本偷

袭珍珠港，使反法西斯阵营巩固并壮大了，至此，第二次世界大战
中的主要参战国，已经各就各位，分别站进了两个水火不相容的阵
营。摆在反法西斯国家面前的首要任务，就是建立一个统一战线，即
国际反法西斯同盟。丘吉尔又一次积极主动地在其中发挥了重要作用。

日本偷袭珍珠港的消息，丘吉尔是在晚餐时从他的无线电小收
音机中听到的。当时在座的还有美国驻英大使怀南特，和负责对英
租借法案事务的艾夫里尔·哈里曼等人，他们听到消息时都怔怔不
语。丘吉尔立即到隔壁的办公室给罗斯福拨电话，电话很快接通，
电线的另一端传来了罗斯福严肃的声音。他证实了这条消息，并对
丘吉尔说："现在，我们是在同一条船上了！"

日本进攻珍珠港对英国来说并不一定是坏消息，至少有一点可
以让英国人感到宽慰：美国现在只能够全力以赴地从事反法西斯战
争了——英国得救了。那天晚上，丘吉尔就是怀着这样的心情安然
入睡的，他在回忆录中写道："当我去睡觉时，心中充满了、并且洋
溢着感情和感想，所以，我睡了一个得到拯救而心怀感激的人所睡
的觉。"在一阵高兴和轻松之后，丘吉尔决定立即访问华盛顿，和美
国商讨有关联合对敌的问题。罗斯福对首相的提议从心眼里感到赞
成，但他又担心丘吉尔在赴美途中会遭到德国潜艇的袭击，心里很
犹豫。丘吉尔又一次坚决要求赴美会谈，这一次，罗斯福只好让
步了。

12月22日，丘吉尔抵达华盛顿，英美两国开始了代号为"阿卡
迪亚"的会谈。阿卡迪亚含有"世外桃源"之意，反映了双方想要
迅速结束战祸、重新恢复和平的良好愿望。阿卡迪亚会谈一直到1
月14日才结束，它的最大的成果是《联合国家宣言》的签订。《联

二战漫画，反映苏、美、英三国面对共同的危险结成同盟

合国家宣言》重申了大西洋宪章的八条原则，并经苏联同意，增补了信仰自由的原则。

《联合国家宣言》成了反法西斯联盟的精神指导。1942 年 1 月 1 日，英、美、苏、中等 26 个国家在宣言上签字，结为正式同盟。它们共同约定，在未来的战争中，将用各国的全部军事和经济力量反对法西斯轴心国，直至胜利；决不单独签订停战协定或和平协定。至此，以美、英、苏、中四大国为核心，国际反法西斯同盟正式成立。后来，同盟的成员国日益增多，遍布五大洲，反法西斯国家在政治、经济和军事等方面实现了空前的大联合。

国际反法西斯同盟的建立，彻底改变了反法西斯力量和法西斯力量的对比。无论在人口、资源，还是在生产能力和军事力量等方面，反法西斯同盟都对轴心国集团占据了明显的优势。而且，随着战争的进程，这种优势愈来愈突出。法西斯轴心国从此陷入了全世界反法西斯人民的包围之中，陷入空前孤立的困境。从这时起，它们就一步步走向最终灭亡的深渊了。

五

在秘密战线上

　　正当双方士兵在战场上真刀真枪地战斗时，一场无形的战争也在暗地里悄悄地展开了。

　　1939 年 10 月 14 日，二战开始还不到两个月，英德之间的全面军事对抗尚未展开，素有"安全港"之称的英国斯卡珀湾海军基地，意外地受到德国海军的袭击，英国战列舰 29000 多吨的"皇家橡树"号被德国潜艇 U－47 号击沉，舰上 800 余名官兵死难，只有 396 人幸免。这不啻给号称海上帝国的英国当头一棒，胜负难卜的大战前景更蒙上了一层阴影。

　　以前，还从来没有一艘敌人的潜艇进入过斯卡珀湾。它防护严密，进出的航路上都设置了防潜网、活门和其他障碍物。按理说，德国潜艇要通过这些屏障进入其中是根本不可能的。因此，人们不禁要问：德国人怎么敢去偷袭并且取得了如此辉煌的成功的呢？

　　那天子夜过后，德国海军上将卡纳里斯收到了一条密码电报："我们完成了。普里安。"普里安是潜入斯卡珀湾、击沉"皇家橡树"号的德国潜艇艇长，一时间，他成了德国海军的骄傲，鲜花和少女簇拥着他。纳粹的报纸上逐一列举了潜艇上的所有人员，他们都是英雄；但没有人提及一个名叫阿尔弗雷德·韦林的人，他注定不能抛头露面，不能接受胜利的欢呼。但卡纳里斯知道，击沉"皇家橡树"号的可以说并不是普里安舰长，而是他，阿尔弗雷德·韦林。这是怎么回事呢？

原来，是韦林提供了斯卡珀湾的准确情报，才使这次成功的偷袭有了可能。阿尔弗雷德·韦林在第一次世界大战时曾担任德国皇家海军上尉，后来他参加了军事谍报组织。他先成为一家德国钟表公司的推销员，随后又在瑞士一家钟表行学习手艺，成了一个技术高明的钟表匠。1927年，他化名阿尔伯特·奥特尔，携瑞士护照移居英国。1932年，他加入英国籍，在紧靠斯卡珀湾基地的奥克尼群岛上刻尔克华尔开了一家钟表礼品商店。他在那里陆续向德国国内报告英国海防舰队的动态，谁也不知道他当过舰长，更没人知道他曾是个德国人。他的这种身份为他刺探发送英国海军基地的情报提供了便利和掩护。

就他所扮的角色而言，奥特尔是个完美无缺的演员。他是从哪里汇集到有关斯卡珀湾防御不完善的情报的呢？这是永远无法解开的谜。总之，大战爆发后一个月，奥特尔肯定斯卡珀湾入口处的活门和防潜网已经不在了，所谓铜墙铁壁的斯卡珀湾实际上成了开放的、无防御的港口，任何潜艇均可以对它进行攻击。他认准了这个机会，并且把情报迅速发送出去，因此就导致了震惊一时的"皇家橡树"号沉没。

"皇家橡树"号事件是二战初期间谍战乃至整个秘密战的一个缩影，它也表明了在这一阶段上双方秘密战优劣高低的状况。在这场

击沉"皇家橡树"号的U-47号潜艇

以间谍、情报官为主角的秘密战争中，德国人暂时占了上风。希特勒和纳粹德国早就在为发动一场世界战争做准备，他们不会无视秘密战的作用。二战前，他们就有计划地建立情报网，把秘密战的触角伸向那些早已被希特勒划归未来帝国版图的周边国家。实际上，在这方面他是先行一步了，结果，就像希特勒的闪电战一样，一时令西方盟国目瞪口呆，同时让西方盟国特别是英国措手不及。

纳粹德国的情报机构主要由两部分组成。1933 年，纳粹就建立了国外情报与保卫局，简称谍报局，它是最高统帅部搜集情报和反谍报活动的部门。1935 年，希特勒任命威廉·卡纳里斯为谍报局局长，衔挂海军上将。他还给卡纳里斯几乎无限的权力，拨给他用不完的资金。卡纳里斯的确具备一个情报首脑的禀性和才能，从 20 年代后期起，他就开始做军事情报工作。他表情阴郁，守口如瓶，走路时弯腰曲背，两手紧紧地背在身后，特别是他那双蓝色的怪蛇般的眼睛似乎能洞察一切。同时，他谨慎顽强，见多识广，能说德国潜在敌人的语言英语、法语和俄语，也能说德国潜在朋友的语言西班牙语和意大利语，而且讲得几乎同样好。出任谍报局长后，他很快建立起遍布世界的间谍网和反间谍网，开始了现代史上罕见的传奇般的阴谋组织活动。"皇家橡树"号事件不过是卡纳里斯经办的活动之一而已。

除了谍报局，纳粹德国的情报机构还有德国中央保安局，它更加阴险、邪恶。德国的这个中央安全组织成立于 1939 年 9 月，由海因里希·希姆莱控制，由他相中的赖因哈德·海德里希具体负责，它属下的党卫队保安处是最重要的情报和间谍机构。保安处下设两个最重要的科：国内科和国外科，分别负责国内外的秘密情报工作。

"可怕的海德里希"身材高大，却长着"一对细小灵活目光尖锐而具有神秘力量的眼睛；一个鹰钩鼻子，一张唇皮肥厚的嘴。他的手臂长而且细，令人一看，便会联想到蜘蛛的许多长脚"。作为保安局的首脑，他在任何场合下，都可以不择手段，全凭冷酷的权能和智力，运用欺骗、收买、暴力等方法，去做不仁又不义的事情，组织极端残忍的阴谋活动。在这样的主子领导下，保安局什么事做不出来呢？"皇家橡树"号事件发生后不到一个月，他策划了"文洛事件"。

1939年11月9日，英国特种情报局的两名军官S.佩恩·贝斯特和R.亨利·史蒂文斯被诱骗到荷德边界上一个小镇文洛镇的巴克斯咖啡馆，旋即被强行冲过边境的一帮党卫军队员绑架。与他们碰头的不是什么"德国总参谋部的密使"，而是德国中央保安局的国外情报科科长、党卫军大队长瓦尔特·施伦堡和他的随从。在这次事件中，英国损失惨重，失去了贝斯特和史蒂文斯这两个在西欧最重要的特务，而且由于其中一人被迫招供，英国布置在德国的谍报网遭到彻底破坏，从此直到二战结束，英国再也没能在德国重新建立谍报组织。

所幸的是，作为同盟国秘密战争的主角，英国在这方面也是老手。它的情报机构至少可以追溯到四百多年前的亨利七世统治时期。在历次重大危机和战争中，英国情报机构都为国家做出了很大贡献。英国人在危难之际向来有英勇、出色的表现，在情报工作中也不例外。二战开始后，面对纳粹德国在秘密战中的猖狂挑衅，英国人虽然输了头一两个回合，但很快就做出了有力的回击。

英国的情报机构戴有五光十色的独立面具，使一般人难以弄清个中究竟，只好以"情报局"这个统称来代表英国所有的情报机构。实际上，英国并没有一个叫作"情报局"的组织机构。二战前，英国有个军事情报局，其下成立了负责反间谍活动的情报五处和负责军事间谍活动的情报六处。这个机构在1939年进行了一次改组，情报五处改由内务大臣主管，并置于首相监督之下。情报六处则隶属外交部的特种情报局。可以归在"情报局"名下的英国秘密战机构还有特种行动执行局等。苏格兰警场也成立了一个叫作苏格兰场特别处的分部，与情报五处合作。特种情报局是英国在二战时最重要的情报机构。

战争刚开始，英国在秘密战中之所以稍逊一筹，是因为两次大战之间，经费大幅度削减，情报机构大大萎缩，其指挥系统放在肯辛顿镇小小的市政厅里都绰绰有余。当德国情报机构以一支世界力量出现时，英国情报部门却没有准备好应付的方法。但在丘吉尔出任战时内阁首相后，这种局面迅速改观。根据总体战略，他迅速重建并扩展了英国的情报机构。他帮助建立了特种行动执行局，在敌后骚扰敌人。他授权大规模扩大特种情报局，创立双十委员会。在他的推动下，经济作战部、政治战执行处、A部队、安卡拉委员会和中东安全情报处等一批新的秘密战组织纷纷成立。这是英国史无前例的智力总动员，在这场秘密战斗中，英国还掌握着一张"王牌"——"超级机密"。

在大量使用无线电通信技术的现代战争条件下，破译密码是获取敌方情报的最可靠途径。二战期间，德国上自最高统帅部，下至陆、海、空三军的参谋机关，都使用一种叫"哑谜"的密码机，卡纳里斯在他的主要通信线路上也使用"哑谜"。希特勒非常迷信

"哑谜"，它有着明显的优点，经它编密的电报即使被截获，如果敌方没有构造相同的密码机，仍无法破译电报的内容。可是，德国人万万没有想到，战争开始没多久，英国人就成功地破译了它。

有个叫理查德·莱温斯基的波兰籍犹太人，原来在柏林生产"哑谜"机的工厂里充当数学家和工程师，在纳粹反犹的癫狂中被驱逐出境。于是，他决定把"哑谜"的秘密卖给英国情报部门。在他的协助下，英国情报人员先在巴黎复制出这种机器，随后，特种情报局局长孟席斯让英国屈指可数的解密专家阿尔弗雷德·诺克斯和天才的数理逻辑家阿兰·图灵去制造解密"哑谜"的机器。这一工作是在英国政府的密码学校里秘密进行的。大约在德国人准备进攻波兰的同时，一种叫"炸弹"的装置开始破译"哑谜"。1940年4月的某天，"炸弹"从德国空军的"哑谜"密码通讯中截获了第一批重要的讯号，这简直是个奇迹，这个奇迹的代号就被定为"超级机密"。从此，在整个战争期间，通过"超级机密"，德国大量的政治、军事核心机密泄露到盟国手里，常常在希特勒本人的高级机密指令刚发出，丘吉尔和少数英、美高级指挥官就已经知道了。

"超级机密"曾提供过重大情报，如希特勒大举进攻西欧的"黄色方案"。接着，"超级机密"又提供了希特勒的"海狮"作战计划。通过"超级机密"，丘吉尔和英国空军参谋部了解到德国空军的大部分甚至全部作战方案，从而使有限的皇家空军力量能够在适当的地方，适当的时间和高度，集中主要防御力量，对付主攻方向，而不必去漫天驱逐那些数不尽的德国飞机。

从不列颠空战开始，"超级机密"作为一个主要的战略优势，一直保持到战争结束，其本身也成为英国名副其实的超级机密。为了

德军使用的恩尼格码密码机

"超级机密"的安全，英国人创立了"积极检审"制度，对一切接触机密的人员进行严格、深入的保密检查。英国城市考文垂在某种程度上也成了"超级机密"的殉难品。

德国空军在不列颠空战中受挫后，为了报复，制订了"月光奏鸣曲"作战计划，决定在1940年11月14日至15日对考文垂大教堂和工业区进行大规模轰炸。事先，"超级机密"已经截获了这一情报。但如果英国预先采取非常规的防御措施，德国人就会怀疑"哑谜"已被破译，会更换一种新的密码系统。有鉴于此，丘吉尔和他的顾问们权衡再三，决定不加强考文垂的空防，也不预先发出警报。结果，考文垂受德军空袭达10小时之久，变成一片废墟。

但是，在这以后，"超级机密"的报偿滚滚而来：它透露了希特勒放弃入侵英国的计划，促使英国从制造防御性武器向着重制造进攻性武器转变，这一转变具有长远的战略意义；它使英国海军取得了二战中第一次大规模海战马塔潘角之战的胜利；由于俘获配有"哑谜"机的德国"U-110"号潜艇，"超级机密"除了继续提供德国陆军和空军的作战情报外，又开始获得德国舰队的秘密情报，使英国得以摧毁德国的海上供给组织"埃塔普"，击沉德国大战舰"俾斯麦"号，保证了英美大西洋航运的畅通。在德国实施"巴巴罗萨"计划、发动侵苏战争的前几个月，"超级机密"就发现了希特勒的战略意图。丘吉尔虽然不让斯大林分享"超级机密"的秘密，但他通过正常的外交途径，给莫斯科发去一连串信号，提醒斯大林注意。"超级机密"还像幽灵一样跟踪着"沙漠之狐"隆美尔，多次透露隆美尔的战斗计划和作战意图，使蒙哥马利能够迅速调动他的部队迎击隆美尔的进攻，连续在阿拉姆·哈勒法战役和阿拉曼战役中大获全胜。隆美尔肯定他的进攻意图严重泄密，但他从未意识到"哑谜"已被破译。"超级机密"在第二次世界大战中建立的功勋数不胜数，仅举以上几例便可略见一斑。

对英美等盟国的情报工作而言，光有"超级机密"还不够，"超级机密"也有不灵、无效的时候。再者，战争局势瞬息万变，只有广辟情报来源，才有可能掌握敌人大量的战略和战术情报，并通过不同来源的情报相互印证，保证情报的可靠性和准确性。破译密码是现代战争才有的事，但更传统的秘密作战方式，如外派间谍刺探情报、收买敌方人员等等仍然需要大量使用，而且发展得更加有声有色。在收集战术情报和非军事情报方面，间谍更有着独特的不可替代的作用。

到1941年，英国情报机构已掌握主动权，它的工作效力赶上了德国情报机构，取得的成果也大得多。在以后的三年半时间里，它被誉为效率最高的情报机构，这里面就包含着无数富有牺牲和冒险精神、出生入死的间谍的功劳。

当间谍远不像谍战影视片中那样潇洒、浪漫——浪迹四方，打情骂俏，良辰美景；相反，他举手投足都有可能遭遇危险，暗藏杀机。间谍往往是负有重大使命的天涯孤客，他必须在充满敌意的环境中独立行动，因此，真正的间谍绝非庸人懦夫之辈所能胜任。尽管如此，在第二次世界大战中，仅以欧洲战场而论，仍有许多优秀的男女怀着战胜德意法西斯的坚定信念，投身于生死茫茫的谍海之中，为盟国的秘密战做出自己不遗余力的贡献。下面撷取的就是其中的几朵浪花。

首先介绍的是一位名叫艾米·索普·帕克的女间谍，她在英国情报机构中发挥了十分重要的作用。她出生在美国，嫁给一位英国外交官。1937年，她加入英国情报机构。艾米姿容秀美，棕色的头发，碧绿的眼睛，令人无法抗拒。而且，她机灵伶俐，沉着老练，聪敏不凡。这些都是她从事间谍活动的得天独厚的条件，何况，她狂热地献身于英国的正义事业。

在大战最初几年中，艾米化名"辛西娅"，居住在纽约。她成为英国在北美秘密情报业务的得力干将，奉命刺探法国维希政府驻美使馆的秘密。"辛西娅"靠卖弄风骚结识了一些法国外交官，后来，她赢得了维希政府驻美国大使馆一位馆员的爱慕和支持，那位馆员同意帮助她从机要室盗取使馆的密码本。但机要室看守得很严。怎样才能得手呢？"辛西娅"估计，法国男人都同情情侣。因此，她和那个馆员恳求看守人允许他们在使馆的沙发上过夜。她塞给看守人许多钱，他果然同意了。一天夜里，这对情人请看守人喝下掺有少量麻醉药的香槟酒，趁他昏睡之际，"辛西娅"打开使馆大门，放进一个锁匠，让那锁匠找到了打开机要室保险箱的方法。又一天晚上，他们决定正式行动。但看守人已经心生疑虑，开始严密监视他们的行动。于是，"辛西娅"一不做二不休，干脆赤身裸体，在沙发上摆出一副挑逗引人的样子。看守人开门窥探室内动静，顿时感到尴尬窘迫，一溜烟地跑开了，当晚再也见不到他的身影。机不可失。这对情人打开窗户，放进锁匠。就这样，保险箱被打开了，"辛西娅"取出密码本拍照，然后把它们放回原处。法国人完全蒙在鼓里，他们依旧使用那些密码。

"辛西娅"的收获当然不止于此。后来，有知情人这样评述她的工作："她的成就给同盟国的战争带来的好处是无法估量的。仅就勇敢而言，这在第二次世界大战的间谍史上是无与伦比的。她不仅搞到了维希政府大使馆几乎所有用明码收发的电报抄件，而且帮助获取了法国和意大利海军的密码本，从而使英国海军部能够在战争后期破译所有截获的有关电缆电报、无线电报、舰队信号的电码或密码。"战后，艾米嫁给了那个为她倾倒的法国使馆馆员，她是个幸运的间谍。

克里斯廷·格兰维尔也是战时英国最杰出的间谍之一。这位波兰的名门闺秀原来是位女伯爵。她的魅力看来不容置疑，不然年轻时不太可能赢得"波兰小姐"的称号。而"她的个性可以像探照灯那样一亮一闪，使人迷茫而不知所措"。她有一半犹太血统，因此憎恶纳粹暴政；她的出身又使她具有非凡的勇气和决心。战争爆发后，她立即奔赴英国，要求为英国情报机构服务。

她先以记者身份被派往布达佩斯，又多次进入波兰，把波兰人和盟国军官偷运出境。后来，她去了开罗，成为中东的第一名女伞兵。她在那里埋头苦练30个月，学习搞破坏活动的本领，并为空投到法国作准备。再后来，她真的被空投到法国南部的维科尔高原，在那里化名"波林"，担任一个叫"曲棍球"的谍报网的联络员。除联络工作外，她还坚决要求参加袭击和破坏活动。

在谍报生涯中，克里斯廷有过许多九死一生的经历。有一次，她滑雪逃出敌人的虎口，机枪的子弹在她四周飞溅，她飞也似的冲向岩石躲避，结果用力过猛受了重伤。另一次，她被迫咬破自己的舌头，口吐鲜血，假装成肺病患者才得以开脱。还有一次，眼看德国人就要抓住她了，她突然亮出手榴弹威胁说，除非放过她和她的同伴，否则她就拉响手榴弹。克里斯廷无疑是一个意志坚强的战士。

上面所举两例都是女间谍，这也足以说明，这个把脑袋拎在手上的冒险行当不只是男人能干，女性至少和男人同样适合去做。二战中妇女在秘密战中的重要性远远超过了以往任何时候，英国的军情五处和特种情报局都任命女性高级官员，在国外的间谍头子也有很多妇女。但命运之神并不特别青睐女性，不难想象，她们在外出执行任务时，会碰到更多的麻烦和困难，甚至以人格作手段和伎俩，许多女特工人员在未得到很好保护的情形下遭捕遇害。有一个数字很能说明问题：仅向法国一地，英国特种行动执行局就派出了53名女间谍，其中12人惨遭德国人杀害，29人或遭逮捕，或死于牢房。

英国情报机构中，"逆用"双重间谍的成就特别突出。这实际上是反间谍活动的一部分，情报五处为此专门设立"双十委员会"（罗马数字ⅩⅩ也表示欺骗，因而得名），用来控制俘获的德国间谍。前牛津大学副校长约翰·C. 马斯特曼为这个委员会设定了工作目标：首先设法逮捕敌方间谍，要么把他们干掉，要么诱使他们改弦易辙，为英国服务，把双十委员会提供的假情报供给他们原来的主子。马斯特曼后来写道："……如若德国人从我们控制的特务那里不断收到充足的消息，他们就不会花费很多时间和精力再去建立一个系统了。"双十委员会控制的德国间谍还提供其他同伙的情况，泄露他们的性格、工作方法和密码程序。通过一个双重间谍，还能获得关于敌人意图的情报。如果德国人要入侵英国西南部，他们不会去打探许多英国东南部的防御情况。在所有这些方法中，让双重间谍向德国人提供假情报是最重要的一种，假情报可以影响、改变敌人的作战意图，诱使他们上当受骗。

达斯科·波波夫是隶属双十委员会的一个重要的双重间谍。他原来是南斯拉夫商人，一个富有的皇室成员。战争爆发时，德国谍报局告诉他，如果他充当德国的间谍去反对英国，他的家庭就可以实现其政治野心。波波夫答应了，于1940年12月去英国。但大概是他良知未泯，他有意为英国情报机构效劳。他被交给双十委员会，绰号为"三轮摩托车"，以高级特务的身份在英国展开工作。在以后几个月内，他向德国谍报局提供了大量有关敦刻尔克撤退后英国武装力量规模的假情报，以至德国人在战争的其余时间里对英国实力的一切估计都产生了混乱。

这以后直到战争结束，英国双十委员会的花名册上共登记着39名双重间谍，他们的代号很惹人喜欢，如"嘉宝"、"彩虹"、"温柔的威廉"、"宝贝"、"锯齿"等。有意思的是，那些不太受信任而遭怀疑淘汰的人的代号也不中听，如"黄鼠狼"、"粗心鬼"之类。这些双重间谍中的杰出人物是"塔特"，在整个战争期间，他不仅向德国情报机关提供假情报，而且装得十分逼真，以致德国人奖给他一枚铁十字勋章。"塔特"还诱骗德国人派专人给他送经费，而这笔钱却被用来资助双重间谍系统。"嘉宝"也不比"塔特"逊色多少，这个西班牙人在英国各地建立起完整的下属情报网。

美国参战之后，也加强了它的战时情报工作。在英国协助下，一战后被裁减到只剩少数骨干的美国战略情报局又开始复兴，并在精力旺盛、足智多谋的威廉·J. 多诺万将军领导下进入鼎盛时期。虽然战略情报局秘密战的重点是在太平洋战场，但它也打进了欧洲战场。依靠那些已被纳粹解散但仍继续在私下活动的劳工组织，战略情报局得以在德国建立了一个情报网，获得了有关德军调动、食品和弹药存放地以及德国一些重要的保密工厂的位置等情报。但好戏还在后头。1942年秋，戴维·布鲁斯上校开始到伦敦负责战略情报局在欧洲的活动，与此同时，艾伦·杜勒斯则作为战略情报局瑞士站的站长，抵达伯尔尼开展工作。杜勒斯在一战时就是美国派驻瑞士的谍报人员，与德国和奥匈帝国较量过。现在，他不过是重操旧业，因而得心应手，驾轻就熟。可以说，他是二战期间美国在欧洲战场的头号间谍，表现出高超的技巧、机智和不屈不挠的精神。

从他设在伯尔尼恬静的海仑大街上一所黄铜色石头房子的办公室里，杜勒斯招募了许多间谍，建立起一个在全欧洲开展活动的美国谍报网，从伦敦一直延伸到布拉格。杜勒斯在以往的律师业务工作中曾与许多德国实业家打过交道，现在他重新与这些人来往，把战略情报局的触角伸向德国，随时掌握那里的事态发展。他与德国国内反对希特勒和纳粹主义的秘密组织"黑色乐队"建立并加强了联系，试图在暗中助他们一臂之力，帮他们争取英美盟国的支持。在1944年秋季至1945年4月29日这段时间里，杜勒斯与德国驻意大利党卫军将军卡尔·沃尔夫就德国驻意军队的无条件投降进行秘密谈判，虽几经周折，但在最后取得了成功。由此可见，杜勒斯的情报网取得了重大的战略成就。同时，他的情报网在获取战术情报方面也毫不逊色。他和侏罗省、萨瓦省的法国游击队以及意大利的游击队保持联系，为各种行动提供资金；他提供可于敌占区内空投的地点名单；他还能够估计盟国对德国、意大利和巴尔干空袭的效果。设在伯尔尼的监听站也取得一项了不起的成就。1943年5月，它提供了一份有关V-1和V-2导弹制造地点佩内明德的报告，报告中还附有多佛对岸法国海岸上德军导弹发射场的说明。杜勒斯在战后出任美国中央情报局局长多年。

面对盟国秘密战的强大攻势，德意法西斯的情报机构同样积极反击，他们也有得手的时候。

截至 1942 年 6 月，隆美尔率领非洲军团接二连三取得胜利，英军在北非溃败。除了他的胆略和勇敢，他的坦克和反坦克炮比英国的优良外，隆美尔从未具备兵力上的优势。他的部队最多不超过 10 万人，其中一半还是不能打硬仗的意大利人，而在这个战区，英国的正式军人就达 75 万人。因此，丘吉尔和他的将领们搞不懂隆美尔取胜的秘诀是什么。但没过多久，事情就真相大白了，原来隆美尔的胜利首先得益于德意情报机构的劳作。

弗兰克·邦纳·费勒斯上校是驻开罗的美国武官，他负责向华盛顿汇报英国在中东的军事、外交计划和行动。费勒斯几乎能接触到所有重要情报，然后他用"黑色密码"把情报发往华盛顿。"黑色密码"是美国驻外武官在全世界都用的一种密码，本身十分安全可靠。但防不胜防，没想到这一密码会被窃。在罗马美国大使馆工作的一个意大利人是意大利情报组织的特务，撬锁的专家。他设法打开保险柜，照相窃得密码，然后放回原处。意大利情报组织向德国谍报局提供了一份密码抄本，在破译之后，德国人就能够读到世界各地的许多美国军事情报，当然也包括费勒斯上校的电报。当费勒斯每天的报告传到华盛顿时，隆美尔和德国国防军最高统帅部很快也能收到同样的报告，它们向隆美尔提供了敌方最广阔、最清楚的活动图像！

德国的反间谍系统也不是无所作为，"文洛事件"就是一次成功的反间谍活动。他们也对俘获的间谍进行"逆用"，使英国吃了大亏。从 1942 年至 1944 年，在将近两年的时间里，德国谍报局由赫尔曼·吉凯斯少校领导的反间谍机构创造了间谍史上最长的一次"逆用"。他们先用普通的无线电测向方法抓住了英国的一个谍报员休伯特·劳威尔斯，强迫他为德国人向伦敦发报。劳威尔斯为了让伦敦警觉他已落入敌人之手，在发报时没有发出预先约定的错码。后来，他又多次用明码向伦敦发出"被捕，被捕，被捕"的电文，但都被伦敦方面所忽略。这是英国情报机构在战争期间最大、最具悲剧性的一次疏忽。英国继续向荷兰空投人员和补给品，前前后后，德国人共收到 95 次空投物品，计有 3 万磅炸药，2000 枚手榴弹，3000 支步枪，5000 支手枪，50 万发子弹和 75 部电台。德国人还没收了 50 万荷兰盾，足够开一个小小的银行。吉凯斯最走运的时候，竟控制、"逆用"了 14 个电台。德国人的这次"北极行动"造成英国人员上的巨大牺牲，空投到荷兰的 52 名特工人员，有 47 名被杀，整个荷兰地下组织有 1200 人因之丧生。其影响还波及英国在比利时和法国的秘密情报工作。

　　但像在战场上一样，德意法西斯在秘密战中也仅仅取得短暂的优势，终究难逃落败的命运。战场和秘密战线本来就是一荣共荣、一损俱损；不过，德意法西斯尤其是德国在秘密战线上的失败还有诸多因素。

　　首先，德国间谍量多而质劣，大多数德国间谍能力低下，训练不良，极易暴露被捕，更谈不上忠诚、勇敢。"北极行动"使英国特种行动执行局丧失了在荷兰大约一半的特工人员，但德国在这方面的成就要是和英国相比，那就相形见绌了。德国派往英国或在英国招募的间谍，到 1941—1942 年冬季以后全部自觉或不自觉地在情报五处的指导下工作（可能只有一个人例外）。这不仅是职业上的巨大成就，而且也是 1944 年春季大规模欺骗行动的一个关键，保证霸王行动能够实行。

盟国还直接发展那些憎恶纳粹暴政的德国人参加谍报组织。在德国国内，许多有良知的德国人都被盟国争取过来了，这方面的例子不胜枚举。有一对叫穆勒的德国老夫妇，由于反对纳粹，在战前就被英国间谍机关发展了。他们在一个叫作布龙斯比特尔科克的小城开了一家小酒店，这个小城位于连接着波罗的海和北海的基尔运河的最南边，战略位置很好。穆勒夫妇有意博取穿过运河前往大西洋进行巡弋的德国潜艇官兵们的好感，这样，他们在出海前，总要到穆勒的酒馆里去喝上最后一杯德国啤酒。作为一种爱国的表现，这杯酒是酒馆老板馈赠的。除了喝酒以外，还有一个小小的仪式：在每次临别之前，穆勒老汉都拿出一本签名簿请他的客人们签下自己的名字作为纪念。日久天长，喝一杯告别啤酒、签一次名成了德国潜艇官兵们的习惯。但每当他们走后，穆勒就通过联络的一名英国间谍设法把那些名字发到英国去。于是，每当一艘德国潜艇离开港口，英国的海军情报部门就立刻得到通知，根据潜艇司令官及乘员的名字，能够推测该潜艇的编号、级别、吨位、航程等，甚至可以猜到它出海执行什么任务。后来，穆勒夫妇不幸暴露，光荣地牺牲了。

再说说纳粹的情报首脑卡纳里斯。要是希特勒能看透卡纳里斯，他就绝不会任命这样一个人任谍报局长，希特勒应该后悔。卡纳里斯是从事情报工作的高手，是一位称职的谍报局长，但希特勒哪里想得到，他从一开始就反对自己？卡纳里斯忠于德国，忠于德国军队，为了德意志国家和民族，他在和英美情报机关进行较量时，从不心慈手软。但在战争爆发前，他就正确地预见到，希特勒和纳粹只会把德国引向灾难和毁灭。为了拯救德国，他开始密谋反对希特勒，成为德国军人密谋集团"黑色乐队"的主要领导人。就在英德处于交战状态后不久，卡纳里斯当着他的几个心腹说了几句意味深长的话："……德国在这场战争中遭受失败，可能是个灾难，但要是希特勒取得胜利，必将是更大的灾难，因此，谍报局不要做使战争延长一天的事情。"他允许手下、也是"黑色乐队"成员的奥斯特派人告知正要撤离的英国武官，反对希特勒的德国军人集团不久将尽力通过梵蒂冈同英国政府通气。就这样，在战争的头几年，卡纳里斯一直在非常矛盾的状态下行事。他不停止针对盟国的谍报活动，同时，他又设法把希特勒秘密的政治和军事计划透露给英美盟国，以此作为挫败这些计划的最佳方案。他默许奥斯特出卖"白色方案"和"黄色方案"。为了配合希特勒的"海狮"计划，卡纳里斯不得不对英伦三岛发起情报战，向德国武装部队提供攻打和占领英国所需要的情报。但谍报局配合"海狮"的行动几乎到了笨拙的程度，显然，他不太愿意做反对英国的事。他没有进行任何真正的准备，去对付英国的大规模情报行动，派出的间谍也纷纷落网。就连提交的情报分析，也是令人丧气的。1944 年初，西线盟军司令部作战情报处还从卡纳里斯那里得到德国的绝密情报，其中透露了德国军队的整个战斗序列以及对付盟军登陆的计划。他通过信使把情报送到马德里和里斯本，有时干脆直接用无线电发给英国情报局的无线电接收站。他最后做出的重大努力竟然是想同孟席斯直接接触，商谈停战问题，这要冒极大的风险。但盟国对德国不愿做任何让步，只要求无条件投降，因此没有积极响应他的吁求。由于时运不济，密谋行动最后失败了，卡纳里斯也被逮捕处死。但他的上述行动无疑极大地损害了德国谍报局的作用，是导致德国在秘密战中失败的一个关键因素。

希特勒本人也要对德国秘密战的失败负责。他倒是相当重视情报工作的，舍得在谍报活动中耗费巨资，扩充机构，增加人员，但这却带来了新的问题。由于情报机构林立，许多头目热衷于钩心斗角，卡纳里斯又在暗中拆台，因此很大一部分情报常常可疑或互相矛盾，难以在这样脆弱的基础上采取行动。再者，希特勒这样一个独裁的自大狂怎么可能对情报做出坚实的理性分析和判断呢？越到战争后期，他就越发糊涂武断，纵然是相当准确、重要的情报，也会被他所误，而别人又奈何不了他。

伊莱萨·巴兹纳是 1942—1944 年英国驻土耳其大使休爵士的仆人。当他发现休爵士经常把机密的电报和文件带回住所批阅时，他想到可以通过出卖情报赚大钱。他像个训练有素的间谍，先偷到休爵士公文箱的钥匙，印在一个蜡模上，然后依模样配了一把钥匙。他先后几次从公文箱里偷取文件拍照，然后把照片和胶卷以 30 万英镑卖给德国人（事后他才知道德国人付的是伪钞，并因此倾家荡产）。当时，英国人正在实施一项欺骗行动，目的是让敌人产生错误判断，以为盟国将把主要攻势放在巴尔干。这项计划的过程休爵士相当了解。还有英国和盟国外交政策的重大决定，特别是 1943 年盟国重大会议的情况，休爵士也自始至终得到详尽的报告。由此可以推知，巴兹纳所出卖的情报具有多大价值。但希特勒对"西赛罗"（德国人给巴兹纳起的代号）偷来的秘密文件置之不理，他大概认为"西赛罗"只是一个骗局，结果他没能识破盟国的欺骗计划，不敢抽调巴尔干的兵力去增援西部防线。这可以从他 1944 年元旦日记开头的两句话中反映出来："敌人在 1944 年的企图——大西洋防线或是巴尔干。"

英国人在 1941 年即赢得秘密战争的主动权，这同样是由多方面因素造成的。英国人从上到下都重视秘密战，做出了一种明智的战略选择。到二战时，英帝国早已由盛转衰，战争资源无论人力物力都相当有限，要保家卫国并取得反法西斯战争的胜利，就必须把有限的战争资源用得恰到好处，争取最大的战果，花费最小的代价，这样，秘密战的重要性也就突出出来了。身为首相的丘吉尔堪称秘密战的大师，他一向强调秘密战的特别作用。控制情报机构既符合他的性格，又投其所好。他依靠联合情报委员会开展工作，通过这种方法，和手下各情报部门负责人保持接触。在获取情报、控制情报机构方面，所有的战时领导人包括罗斯福和希特勒在内，都不如丘吉尔。

战时英国的情报机构组织得比较好，效率较高。这些情报机构就像是一个秘密的社会，三教九流，各色人等都有，为一个崇高的目标共同工作。他们中间有政治家、将军、科学家、记者等等身份不凡的人，也有小偷、惯犯、皮条客或者黑手党人等不三不四的"社会渣滓"，和平、正义和民族的危亡使他们在秘密战的特殊环境中走到一起。战争爆发后，英国释放了不少技术高超的保险箱撬窃犯，要他们为盟国服务。他们中有不少人加入了英国情报机构，他们的任务就是制锁、撬开保险箱和搞爆破。作家丹尼斯·惠特利是情报界中另一种单干的人，他专门负责出主意，想办法。当德国企图入侵英国时，惠特利想出了种种阻挠德国人的办法，其中包括除去月台上的火车站站名，拔掉路标，置放一个 230 英里长的渔网栏，以便缠住德国登陆艇的螺旋桨。他还为情报机构的行动提供详细的背景材料，其中有"冒名者"和蒙哥马利将军的"替身"等等。赫赫有名的大历史学家阿诺德·汤因比教授为战时内阁准备情报简报，他特别适宜于这类工作。据不完全统计，在二战期间，英国有 10 多万男女投身秘密战，他们收集和评估情报，进行反间谍的安全工作，实施政治和经济战以及特种行动。由此，我们发现了英国秘密战的巨大力量所在。

西方盟国的秘密战是以一系列出色、成功的欺骗行动推向高潮，走向最后胜利的。欺骗的手段五花八门，但归根到底不外乎弄虚作假。丘吉尔说："在战争时期，真理是如此宝贵，必须用谎言去保卫它。"在二战中，英国人特别善于使用欺骗的手段。

早在 1939 年，韦维尔将军就在开罗他的总部开设了一个用来吓唬意大利人的单位，其名称挺玄乎——"A 部队"，它很快就把意大利的格拉齐亚尼元帅和奥斯塔公爵完全弄糊涂了。"特纳上校部"是一个名称很少为人所知的组织，但它却做了不少迷惑戈林的事情，为英国的防空做出了重大贡献。例如在地上布置假灯火，有一次就使德国空军以为是在空袭朴次茅斯，从而把全部炸弹投在一个海岛附近，结果只炸死了三头母牛。

1940 年 12 月，不列颠之战正酣，英国情报机关和外交部接待了一名西班牙长枪党分子。他名义上是前往英国考察童子军运动的，实际上是去刺探英国的国防情报，把它转告给柏林。英国人将计就计。当时伦敦地区一共只有 3 个防空炮群，但有关当局却把其中一个调到此人下榻的旅馆附近的海德公园，而且下令只要遇到空袭，不管敌机是否飞临该地上空，都要不停地开炮射击。军情五处甚至

英军情报分析人员研读空中侦察照片

允许这个西班牙人亲眼看见这一防空炮群，结果就使他相信，伦敦到处都像海德公园一样高炮林立。随后他又被带往温莎宫，就在宫外，当时英伦诸岛上仅剩的一个装备齐全的坦克团突然展现在他面前。这个间谍对坦克团壮观的阵势表示诧异，但他听人说这不过是一个皇家仪仗队而已。他乘飞机前往苏格兰时，在空中不时可以看到一中队又一中队的"喷火"式战斗机接踵而过。实际上，一共只有一中队战斗机，它们一次又一次飞临那架客机的视野，仿佛英国从南到北到处都有飞机在领空中不停地巡逻。当他被带往一个海港参观时，那个港口就泊满了大大小小、形形色色的军舰。为了制造一个武装到了牙齿、防御及于纵深的坚不可摧的英国的形象，英国人真可谓煞费苦心。后来，英国当局获悉，这个间谍在给柏林的报告中，发出了不要进行入侵的警告。他宣称，所谓英国缺乏防务的说法纯粹是英国情报机构设下的圈套，其目的是诱使德国对英伦诸岛发动一场将导致毁灭的进攻。

但这些欺骗行动要是和掩护"尼普顿"的行动相比，就是小巫见大巫了。"尼普顿"是 1944 年春季西线盟军在法国诺曼底海岸登陆行动的代号。为进行这次空前规模的登陆作战，英帝国和美国进行了长期的准备，投入了工业、军事和智力方面的巨大联合力量。然而，这仍不足以保证取得胜利。希特勒虽然在苏联、意大利和北非的战争中受到巨大损失，但德国军队仍然十分强大。在西线，有上百万德军据守在"大西洋墙"的堡垒工事后面。假如让德国人准备停当，以逸待劳，他们就能够把战争的烈焰倾注在登陆部队身上，把"尼普顿"行动摧毁在海边。何况还不能保证天气对攻击绝对有利，而英吉利海峡是世界上最变化无常的水道之一……如若进攻失败，其他一切都会失败，那后果将不堪设想。

据说，丘吉尔曾做过诺曼底登陆失败的噩梦，因此，他坚信必须出奇制胜，在进攻的时间和地点上，使希特勒措手不及，猝不及防。盟国于是把在"尼普顿"计划中运用特种手段这一任务交给丘吉尔负责，他让伦敦监督处和它的有关单位具体制订了绝密的"杰伊"计划。

"杰伊"计划实际上是一个庞大的秘密战系统工程，旨在为"尼普顿"提供奇特的应急手段和非常规办法。计划包括秘密战的一切方法，但最独特的一招就是欺骗，它要使希特勒相信，盟军主攻的方向不是诺曼底，而是法国海岸的另外一个地方。用这个方法，引导希特勒判断失误，保证"尼普顿"能顺利执行。

为了保证"杰伊"计划的成功，盟国必须利用一切渠道，不惜采取一系列精心设计、巧为安排的特殊手段，把一幅虚构的盟军军事意图的图像送到希特勒的桌子上。这些特殊手段包括流言蜚语、谣言，双重甚至三重间谍的工作，著名将军的事业和名誉，做出牺牲的军事行动和地下活动，无线电游戏，虚假部队，利用抵抗武装力量和"黑色乐队"等等。总之，一切都不能疏忽，务使德国人相信，入侵要在其他时间和地点而不是在计划中的时间地点进行。

"杰伊"计划包括一系列重大的欺骗计划和无数大大小小的欺骗行动。"卫士"计划旨在通过多种计谋，继续迫使希特勒把他的力量分散于欧洲各地，使他在诺曼底缺少足够的兵力来挫败"尼普顿"行动；通过干扰和破坏德军的通讯、情报、后勤和行政系统，迟滞德国对登陆做出的反应。实质上，"卫士"计划也就是"杰伊"计划。其他计划，如与南欧和东南欧有关的"齐伯林"计划、掩蔽盟国在北欧和西北欧意图的"坚韧"计划等，既包括在"卫士"计划之中，又有相对的独立性。"坚韧"计划后来发展成为"卫士"中规模最大、目标最宏伟的计划，成为决定"尼普顿"行动成败的关键。它的正式定义是这样的："（这是）一个在欧洲战场上实施欺骗行动的宏伟计划，其目的是：（1）向挪威施加军事威胁，迫使德军在'尼普顿'行动展开之前在西北欧进行错误的战略部署；（2）就'尼普顿'行动的预定日期和预定地点进行欺骗；（3）威胁加来海峡，诱使（敌人）在'尼普顿'行动期间和以后进行错误的战术部署。""坚韧"计划极其复杂，可分为"北方坚韧"和"南方坚韧"两个部分，其中包括"凯斯岛"、"水银"、"铁甲军"、"王冠"等一系列较小的欺骗计划和行动。此外，还有几十个规模更小、代号离奇古怪的行动计划。

在这里无法展开介绍，细述盟国那些令人拍案叫绝的欺骗行动。总之，这一伟大的欺骗计划使希特勒相信，不仅有美国第 1 集团军和英国第 2 集团军在英国南部和西南部集结，威胁诺曼底和布列塔尼，更有一个在苏格兰的英国第 4 集团军威胁挪威，一个在肯特的美国第 1 集团军群直接指向加来。实际上，并不存在英国第 4 集团军和美国第 1 集团军群——欺骗成功了。1944 年 6 月 6 日，盟军开始在诺曼底登陆，时间和地点都出乎希特勒和西线德军将领的意料，滩头地区的德军未得到增援。直至 6 月 16 日，希特勒都没有从挪威抽回一兵一卒；7 月 1 日以前，都没有向塞纳河以西派遣过任何部队。

诺曼底战役开始了西线战争的"凯歌行进时期"，登陆的成功预示着整个战争的胜利结局。当鹰击长空、百舸争流、万炮齐发的时候，"杰伊——坚韧"计划掩隐在东进大军的滚滚洪流之中。当时它还是个秘密，但它成为盟国在欧洲战场秘密战的一个里程碑，表明秘密战在二战中的重大贡献。像第二次世界大战这样的现代总体战争是战役和秘密战、杀伤和计谋的高度统一，将军决战岂止在战场！

被囚禁在集中营的犹太人

六

燃烧中的 "地狱烈火"

不列颠战役结束后，西欧战事沉寂，盟国和轴心国的注意力都转向两个方向——一是北非，二是苏联。双方在这两个战场上反复较量，正义与邪恶进行着殊死的大搏斗。

与北非和苏联战场相比，大半个欧洲显得出奇地宁静。纳粹的铁蹄已踏遍全欧洲，卐字旗从波兰一直插到法国的大西洋海岸。亿万人民在纳粹暴政下苦苦地挣扎，德军的占领给他们带来了无穷的苦难。然而，就在这法西斯统治的地狱里，熊熊的烈火仍在燃烧，它先是半明半暗的仇恨之火，后来就燃烧成烈火冲天的复仇巨焰。它在敌人的后方给法西斯侵略者以沉重的打击，有力地配合了正面战场的斗争。

纳粹德国对它所占领的国家实行最野蛮的奴役，目的是在整个欧洲建立起一种"新秩序"——一个德国主宰下的帝国。它在被占领国家建立直接的军事管制，或者扶植傀儡国。它还公布了大量的法令和条例，用以镇压被占领国人民的反抗。《夜雾命令》就是其中之一。它是专门用来对付西欧的无辜居民的。这项命令授权逮捕

"危及德国人安全"的人，逮捕后并不当众枪决，而是不落痕迹地让他们消失在德国的茫茫夜雾之中，以后永远也没有人得知他们的下落。德国人认为，只有这样才能起到最大的威慑效果，被占领区人民由此而随时生活在极大的恐怖之中。

德国还在占领区实行一整套连坐制度，又称人质制度。按照这种制度，某个地方只要发生一起针对德国人的敌对行动，全体居民都要被罚款；如果有人胆敢暗杀德国占领军或占领当局的官员，德国就要枪杀几十乃至几百名人质。侵略者认为，枪杀的人名气越大，对那些试图反抗德国的人就越有威慑力，许多优秀的人才和知名人士因此不幸罹难。例如，丹麦著名诗人和剧作家凯·芒克，就在一个冬夜被德国人带走，枪杀之后暴尸荒郊，在他身上还挂着一块牌子，上写："猪猡！你还是为德国效了劳。"整个战争期间，有近3万名人质被处死。

"新秩序"的侧重点之一是种族灭绝，犹太人成了灭绝政策的首要对象。为了"最后解决"犹太人问题，德国在欧洲各地建立起大大小小30多个集中营，专门用来杀害从各地运来的犹太人。其中一个集中营门前的招牌上，竟赫然写着："从大门里进来，从烟囱中出去。"预示着进入集中营人们的死亡命运。

什么是"集中营"？从奥斯威辛集中营的典型例子中，人们可以看出个究竟。

奥斯威辛集中营建在波兰境内，是所有集中营中最大、最臭名昭著的一个。每当有囚犯运来（包括犹太人和苏联战俘），集中营就派人前去验收，适合劳动的人被送进牢房，其他的人立刻被送到毒气室。毒气室门口挂着"浴室"的牌子，不知情的人还以为是送他们来洗澡。进入"浴室"大厅，可见一队年轻貌美的女郎组成的乐队，她们身穿白色衬衫和海军蓝裙子，为进来的人演奏轻松欢快的曲子，这些"死亡进行曲"大多选自维也纳或巴黎的流行轻歌剧。

伴随着这些令人回忆起幸福和快乐年华的音乐，男女老幼毫不防备地走进"淋浴间"。紧接着，重实的大门立刻就关上，并且上锁。这是一间可容纳2000人的大毒气室，人进去之后，站在毒气室屋顶草坪上的士兵就把一种蓝紫色的剧毒结晶氢氰酸通过气孔投入室内，然后封上气孔。半小时后，刽子手们抽掉毒气，把大门打开，一支由囚犯组成的"特别队"开始清理尸体。他们把因痛苦而缠绕在一起的死者分开，取下尸体上的金银首饰，然后把它们用电梯或轨道货车运往焚尸炉。尸体焚烧后遗留的骨渣再运到一个"工厂"磨成灰末，然后撒入河中。活生生的人就这样不留痕迹地被消灭了。那些被送去劳动暂免一死的人，在体力耗尽后也难逃同样下场。

战后，据世界犹太人大会统计，死于种族灭绝政策的犹太人超过572万。实际数字恐怕还不止这些。犹太人遭到了灭顶之灾，1939年，欧洲有920万犹太人，到1945年战争结束时仅剩下310万。

德国法西斯还用活人做医学试验，其罪魁祸首是席格蒙·腊彻尔博士。试验的方式多种多样：有的人被置于压力试验室中，做"高压"试验；有的被注射致命的斑疹伤寒或黄疸病毒；有的被浸在冰水中作"冷冻"试验，或被脱光衣服丢在雪地里受冻至死；有的被用来进行毒药弹和糜烂性毒气的试验；有的做绝育试验，等等。用作试验的主要是犹太人，也有苏联战俘和其他"劣等"民族。医学试验的动机恐怕还不仅是获取有关的医学数据，它更是纳粹血腥虐待狂的铁证。

除了政治上的恐怖统治外，德国占领军还在经济上掠夺欧洲各国。德国规定，被占领国的工业只允许保留在德国战争经济所需要的范围内，一切民用产品都被大大地削减。这些国家的经济必须为德国的战争服务，它们已沦为德国的经济附庸。此外，德国还对被占领国实行赤裸裸的剥夺。它不仅剥夺土地、资源、货币和黄金，还直接征用各国人民的劳动力。每占领一国，德国的财政人员马上就夺取这个国家的国家银行，接着便征收数目惊人的"占领费"。据德国财政部长冯·克罗西克伯爵统计，战争临近结束时，德国共征收了约600亿马克的占领费，折合150亿美元。

在法西斯掠夺的财物中，最令人毛骨悚然的是从集中营运到德国的贵重物品，它们直接来自那些被毒杀的不幸者。囚犯们一到集中营，身上一切贵重物品就落入刽子手手中，连镶在牙齿上的金箔也不例外。所有这些贵重物品都被运到德国国家银行，记在党卫队的账上。账户用的假名之一是"马克斯·海利格"。"海利格"存放的财物琳琅满目，除了牙齿上的黄金之外，还有金表、耳环、手镯、戒指、项链及大量的珠宝及钞票。"海利格"存放的财物后来在国家银行保险柜里都堆不下了，只好交给柏林市政当局主办的当铺去处理；后者很快也被堆满，于是不肯再继续接收。

法西斯强盗也没有放过珍贵的文物，希特勒和戈林亲自指挥了对文物的劫掠。他们派出专职人员，在被占领国设立特别工作处，专门搜寻和掠夺文物。德国官方的一份秘密报告表明，到1944年7月止，从西欧各国，尤其是法国，运到德国的文物共装了137个铁路车皮，计4174箱，21903件。其中，有10890幅名家绘画。掠夺来的文物首先充当希特勒和戈林的"私人"收藏品，其余的送往德国各地博物馆。据戈林自己估计，他的藏品价值达 5000 万马克。后来，当他仓皇逃跑时，随身还带着两个车厢的珍贵文物。

战时，有 750 万外国劳工被送到德国做工，此外还有 200 万战俘。他们在严冬时节没有衣帽御寒，甚至没有鞋穿；他们没有足够的食品，冻饿而死者无数。他们居住在没有炉火的房子里，没有卫生设施，拥挤而疫病丛生。有的人甚至睡在狗窝里，进出都得爬行。劳工们如奴隶一般，没有行动的自由，在体力耗尽后才可能被遣送回国，而死于异乡者连埋骨之处也没有。正是他们，补充了德国因战争而造成的人力不足，在很大程度上维持了德国战争经济的运转。

德国还在占领区强制推广德语，宣扬法西斯主义，灭绝民族文化。希特勒在一份发给波兰总督弗朗克的备忘录中规定，欧洲东部的非德意志居民不得有超过四年制小学的更高级学校，在这种小学里，只要教会学生最多学到 500 以内的简单计算，学会写名字，学习如何服从德国人的命令。

因此，所谓的欧洲"新秩序"，其实就是要在西起大西洋，东至乌拉尔的广大地区里建立一个德意志大帝国。不过，希特勒的如意算盘并没有得逞。欧洲人民的反抗越演越烈，终于汇集成波澜壮阔的抵抗运动，沉重地打击了德意法西斯在后方的统治。

抵抗运动最早出现在波兰。此后，德意法西斯的侵略矛头指向哪里，哪里的民众就起来反抗，逐渐遍布整个欧洲。抵抗运动可分为三个阶段。第一阶段是兴起阶段，它始于 1939 年 9 月，止于 1941 年 6 月。主要表现形式是群众示威游行、集会、怠工、罢工和开展反法西斯宣传等。1939 年 10 月 28 日，捷克斯洛伐克发生全国性的纪念建国 21 周年的示威活动。在首都布拉格，群众和军警发生冲突，大学生杨·奥普雷塔尔被当场打死。不久，在为他举行葬礼时，布拉格再次举行示威集会，又和军警发生对抗。11 月 28 日，阿尔巴尼亚首都地拉那也举行声势浩大的示威游行，纪念独立日，抗议意大利法西斯的侵略。在其他国家，类似的游行和集会也不断发生。

怠工和罢工是另一种常见的抵抗手段。占领区人民以此阻挠德意法西斯的战争生产，支持盟国的反法西斯斗争。捷克工人中曾流行"慢慢干"的口号，其他国家的工人也不约而同地采取这一手段。1941 年 2 月，为抗议迫害犹太人，荷兰首都阿姆斯特丹的 30 万职工举行大罢工；5 月 10 日，比利时共产党领导列日地区 10 万冶金工人大罢工，抗议德军入侵一周年。

宣传活动更是五花八门，如秘密油印信件，散发传单，出版报纸和小册子等等。这种活动主要是在各种抵抗小组的领导下进行的。在抵抗运动的兴起阶段，各个国家的各种反法西斯政党都着手组建抵抗组织，发动群众参加抗敌斗争。这一时期的抵抗组织规模小，活动分散，数量多，不易统一行动。仅在法国，就有"战斗"、"解放"、"义勇军"、"抵抗运动"、"军民抗敌协会"等抵抗组织，它们隶属于不同的政党，各自为政，联络困难，缺乏协调，因而影响到抵抗运动的效力。不过，在抵抗运动初期，这些组织仍起到了发动群众的作用。

抵抗运动还积极为盟国收集情报，帮助被德军俘虏的战俘逃跑。比利时在这两方面可谓成果突出，超过了其他国家。比如，关于德国空防的情报，就有 80% 来自比利时。在安全逃回国的英国军人中，有 1800 人取道比利时。比利时最著名的逃亡路线叫"彗星线"，是让·诺托姆和安德烈·戎格建立的，它成功地帮助了大批逃亡者。

1941 年 5 月，在阿尔巴尼亚首都地拉那，一个年仅 19 岁的青年工人华西里·里亚齐，突然向来访的意大利国王维克多·埃曼努埃尔开枪射击。结果虽然行刺失败，但对侵略者却是极大的威胁。更惊险的一幕发生在 5 月 31 日的希腊首都雅典。那天深夜，两名爱国青年冒着生命危险潜入卫城，扯掉了白天刚刚挂上的纳粹卐字旗，换上希腊的国旗。消息传出，希腊人民人心大振。

在抵抗运动的第一阶段，法国、南斯拉夫、波兰和希腊等国开始出现武装抵抗，形成了有组织的武装游击队。在法国，早在 1940 年底，共产党已着手组建武装部队，即后来的"义勇军游击队"；而南斯拉夫共产党领导的游击队规模更大。在这几个国家中，武装斗争从一开始就是抵抗运动的主要特征，各党派领导的游击部队袭击德军军事目标，破坏军工厂和生产设备，甚至和德军发生直接冲突，形成正面战场后方的游击战场。

抵抗运动的第二阶段是发展阶段，它开始于 1941 年 6 月的苏德战争爆发，延续到 1943 年初反法西斯战争出现胜利的转折。苏德战争爆发之前，由于有《苏德互不侵犯条约》作梗，各国共产党都没有放手开展抵抗运动。苏德战争爆发后，各国共产党开始大力组建游击队，建立反法西斯的统一战线，使抵抗运动的力量大大发展。随着国际反法西斯统一战线的形成，各国共产党和亲西方政党也日益接近，这为形成全国性的抵抗运动创造了条件。不过，各政党间的分歧有时也难以避免，尤其是在南斯拉夫和波兰，共产党领导的游击队和流亡政府领导下的游击队不仅没有达成协调，反而发生了激烈的对抗。

在抵抗运动的第二阶段，各国的怠工、罢工和宣传活动规模越来越大。1942 年 8 月，卢森堡占领当局征召卢森堡人到德军中服役，引起全国的强烈反抗。9 月 1 日，卢森堡发生了战争期间欧洲第一次全国总罢工。工人罢工、商人罢市、教师罢课，农民也拒绝出售农产品。结果引起占领当局的残暴镇压，几十名罢工领袖被杀害。但暴政并没有使卢森堡人屈服，在 15000 名壮丁中，有 3000 名躲过了征兵，其中不少人参加了游击队。

武装斗争也迅速发展，就连武装反抗传统不深的国家如丹麦和挪威，也出现武装斗争形式。1942 年，一个叫"米洛尔格"的抵抗组织在挪威成立。在挪威语中，"米洛尔格"的意思就是军事组织。它成立之后，积极装备武器，准备开展游击战争。它设立了 16 个地下车间，制造各种英式卡宾枪的零件，在第 17 个车间里装配起来。造出的武器上一律打有"英国制造"的标记，以防泄密。后来，米洛尔格成了挪威抵抗运动的核心。

武装斗争规模最大的是南斯拉夫。苏德战争爆发不久，南斯拉夫共产党就在首都贝尔格莱德设立了游击队总司令部，由南共总书记、化名铁托的约瑟普·布罗兹任司令官。武装反抗的烽火迅速燃烧，游击队的力量不断壮大。到 1941 年秋，已拥有 60 支队伍，士兵总数达 6 到 7 万。当时在南斯拉夫活动的，还有一支叫"切特尼克"的武装，其领导人是原政府军上校德拉日阿·米哈伊洛维奇，受流亡政府领导。切特尼克分子有意追求奇特古怪、凶恶狰狞的外表，他们满脸胡须，身上挂满武器，与头戴红星帽，军风严谨的共产党游击队恰恰形成鲜明对照。由于意识形态的原因，共产党游击队和切特尼克虽然进行了几次接触，但终究未能协调一致。到战争后期，切特尼克甚至和德意军队达成默契，共同围剿共产党游击队。这是很可悲的。

南斯拉夫游击队的活动引起希特勒的极度恼怒，他决心剿灭这支武装。1941年9月28日，德军出动几个师的兵力，在空军和坦克的配合下，向塞尔维亚解放区发起进攻。南奸奈迪奇也率领伪军参加进攻。这是战争期间德军七次围剿中的第一次大围剿。在敌我悬殊的情况下，游击队奋战两个月，击毁德军20辆坦克，毙敌千余名，俘虏600余名。但是，游击队也损失惨重，最后决定实行战略退却。360名工人组成的战斗营担任掩护任务，他们与敌人激战了6个小时，弹尽粮绝后全部牺牲。

游击队主力转移到新帕扎尔地区，继续坚持战斗，在1941年底和1942年春，又两次粉碎敌人的围剿。到1942年底，游击队已解放了全国五分之一的国土，其正规军人民解放军已达10万人，抗衡着68万德意法西斯军队。

希腊和阿尔巴尼亚的武装抵抗运动也进行得有声有色。1942年11月，由统一战线领导的希腊正规军人民解放军在其他武装力量配合下，成功地破坏了德军在巴尔干重要交通线上的戈尔戈波塔马斯大铁桥，切断了德军经巴尔干向北非运送战争物资的唯一陆上通道，支援了英军在北非的行动。1942年底到1943年初，人民解放军的活动已遍及全希腊的大陆地区。1942年，阿尔巴尼亚全国已出现40多支游击队，一万余人。共产党员在斗争中起了特殊作用。那年初夏，三名年轻的大学生、共产党员奉命前往斯库台发动武装起义，被敌人发觉，包围在一座民房中。他们靠手枪和手榴弹同配备着坦克的200多名敌军英勇搏斗了6小时，弹尽粮绝。一个当场牺牲，一个重

南斯拉夫切特尼克首领米哈伊诺维奇

伤后自杀，第三个则冲过火网跳入院中水井光荣殉国。他们后来被称为"斯库台三英雄"，受到人民的纪念。

正当国内的抵抗运动轰轰烈烈地进行时，在国外受训的抵抗战士也回到各自国内，参加对敌斗争。其中，最漂亮的两仗是刺杀海德里希和重水之战。

雷茵哈特·海德里希是纳粹德国的第三号人物，地位仅次于希特勒和戈林。1942年春，他被派到捷克斯洛伐克主持局面。海德里希在捷实行戒严，镇压抵抗运动，流亡伦敦的捷克临时政府决定派人除掉他，为民除害。在英国皇家空军协助下，驻扎在英国的自由捷克军队的两名战士被空投到捷克境内。经过精心策划，5月29日早晨，他们扮作工人等候在海德里希每日从乡间别墅进城必经的一个拐弯处。海德里希的汽车不久就开来了，它在拐弯处略为减速，两名行刺者抓住这个稍纵即逝的机会，一个向汽车开枪射击，另一个从早餐袋中掏出一颗金属炸弹，向遇变而停下的汽车滚去。刹那间汽车爆炸，他们就骑上自行车跑了。海德里希被送往医院，后在6月4日不治而死。被激怒的德国人进行了野蛮的报复，在捷克全国搜捕并处死了1331名捷克人，还把临近刺杀现场的利迪策村夷为平地，制造了"利迪策惨案"。

重水之战发生在挪威的弗穆尔克小镇。在这个镇上，有一个叫诺克斯的电解氢工厂，它是全世界能生产重水的少数几个工厂之一，德国研制核武器所需的重水全部有赖于此。为了捣毁这个重水供应点，盟国决定派受训于伦敦的挪威战士回国，捣毁这个工厂。挪威第一独立连林格连队承担了主要的袭击任务。1942年10月18日，第一批战士空降于哈尔唐吉高原，开始了第一次袭击。但数次出师都不利，无功而还。经过再次策划后，1943 年 2 月 18 日夜，抵抗战士又一次身入虎穴，成功地摧毁了重水罐。该厂被迫停产一年多时间，为盟国核武器研制的领先赢得了宝贵的时间。

抵抗运动的第三阶段是胜利阶段，它从 1943 年初开始，到 1945 年 5 月结束。这一阶段斗争的特点是规模日益扩大，日益具有群众性。1943 年 4 月 30 日，荷兰爆发全国总罢工。在比利时，仅 1943 年一年，全国就发生了 8000 起怠工和破坏事件。同年，法国的游击队破坏公路、铁路事件达 2000 次，毁坏数百列火车和近 400 台机车。1943 年 8 月，丹麦的欧登塞等城市爆发了群众示威和罢工，德军前往镇压，打死打伤多人。占领军当局要求丹麦政府实行戒严，丹麦政府拒绝这一要求并集体辞职。德国不得已接管了丹麦政权。

与此同时，武装斗争也深入发展，而且规模越来越大。1943 年 9 月，法共在科西嘉组织了大规模反法西斯示威游行，并很快发展成武装起义。10 月，起义者控制了该岛，歼敌 12000 人，取得了法国抵抗运动的第一个重大胜利。1944 年 2 月，法国本土各种武装力量统一改组为"法国内地军"，不久就拥有 50 万人的武装，为发动全国起义做好了准备。挪威的武装力量从 1944 年起开始得到英国的援助，米洛尔格战士冒着生命危险，在敌人眼皮底下进行严格训练，准备配合盟军作战。随着盟国军队的节节胜利，西、北欧各国加强了行动，破坏铁路、公路、运河和通信设备，使法西斯军队的交通运输、通讯联络等处于被动和混乱状态之中。英美联军在诺曼底登陆后，西欧和北欧国家解放的时刻来到了。抵抗战士们冲下山岗，走出森林，对敌人展开最后的决战。广大人民也行动起来，以各种方式配合盟军战斗。

在欧洲东部，武装反抗也如火如荼地展开着。1943 年 4 月 19 日，波兰华沙犹太人隔离区爆发起义。犹太人用土制手榴弹、手枪、步枪以及偷来的十几挺机关枪，与配备着坦克、大炮和火焰喷射器等重武装的德军作战，利用下水道、地洞和地窖顽强地同敌人搏斗。起义坚持了近一个月，直到起义者大多战死才结束。

1944 年 8 月，随着苏军的逼近，由伦敦流亡政府领导的波兰地下军在华沙再次发动起义。8 月 1 日起义爆发后，几天内就攻占了八个区中的五个。但德军以优势兵力迅速反扑，起义由于准备不足，再加上苏军没有给予增援，因此起义者在坚持两个多月之后，终于失败。20 万华沙市民付出了生命的代价，华沙变为废墟。

捷克斯洛伐克的抵抗运动在 1943 年初也活跃起来。8 月 30 日，斯洛伐克爆发全民起义，解放了大片国土。德军派兵镇压，起义者战斗了两个月，暂时撤入山区。10 月，苏军和随苏军征战的捷克军团突入国境，游击队再次活跃起来，迅速壮大到 15000 人，配合苏军作战。

南斯拉夫、希腊和阿尔巴尼亚仍然是武装斗争最激烈的国家，其中又以南斯拉夫最为波澜壮阔。到 1942 年为止，铁托领导的游击队就已经粉碎了德军的三次围剿。1943 年 1 月，德意军队再向解放区发动第四次进攻。

面对敌军的优势，游击队最高统帅部决定突围，以避免和敌人正面拼消耗。游击队的主力在没有道路的丛山峻岭中长途行军数百公里，当时气候严寒，随行的还有 3500 名伤病员，因此部队行动缓慢。主力撤退的同时，人民解放军第 1、2、3 师于 2 月 9 日开始反攻，出敌不意，取得了几次战役的胜利，向奈雷特瓦河进军。3 月初，游击队主力也抵达河边，但由于伤员拖累，未能及时过河。这时后面的追兵已到了距河只有两公里的地方，而河对岸也出现切特尼克队伍，不让游击队过河，游击队处于进退维谷的境况。

在危急形势下铁托决定背水一战。游击队炸掉了河上的大桥，防止切特尼克部队从背后进攻，然后与追敌激战。3月6日深夜，游击队利用敌人守河松懈的机会，在河上架起浮桥，扔掉所有辎重，强行轻装渡河。他们突破了切特尼克武装的阻拦，又甩掉了后面的追兵，进入门的内哥罗山区，建立起新的解放区，粉碎了敌人的第四次围剿。

5月，德意法西斯再纠集10万兵力向解放区发动第五次围剿。由于德军拥有远程大炮、飞机，以及受过山地作战训练的特种部队，因此很快就包围了游击队。最高司令部决定率两万名战士突围。经过殊死搏斗，游击队终于突破了德军在苏捷斯卡河峡谷和山梁上设置的重重封锁线，跨越了苏捷斯卡峡谷。在这一战役中，游击队损失了几千名战士，铁托也在战斗中负伤。但游击队主力得以保全，不久又恢复了元气。到1943年9月，游击队已拥有30万战斗兵员。

1943年底和1944年5月，游击队又打退德军另外两次大围剿，并开始对德军发动反攻，解放了大部分国土。1944年9月，苏军进入南斯拉夫，苏南军队联合作战，在10月20日解放首都贝尔格莱德，毙敌15000人。随后，苏军挥师北上，南共游击队继续在国内进行解放战争。游击队切断了交通线，使德军一个集团军群困于门的内哥罗和波斯尼亚山区。游击队与之激战五个半月，终于全歼敌军，毙敌10万，俘虏了20多万，德军东南战区长官列尔也被活捉。1945年5月德国投降后，在南斯拉夫的残部仍顽抗到15日才被全歼，抵抗运动也胜利结束。

　　希腊的武装抵抗运动也很强大，到 1944 年初人民解放军已发展到 5 万人，这时它开始反攻，不久就解放了三分之二的国土。同年 10 月，驻希德军开始撤离，到 11 月初，已全部撤出希腊的大陆部分，但在克里特等岛屿仍有德军踞守。解放军追歼撤退中的敌人，歼敌 3 万多人，队伍则扩大到 12 万。1945 年德国正式投降后，克里特才获得解放。

　　1943 年，阿尔巴尼亚的抵抗运动也进入新阶段。共产党领导下的游击队在 7 月整编为民族解放军，并成立总司令部。意大利退出战争后，德军进占阿尔巴尼亚，并从 11 月份起对解放区开始了长达 3 个月的军事进攻，这就是著名的"冬季战役"。德军先采取局部进攻的策略，然后突然在 12 月 19 日派出一个山地师袭击民族解放军总部。游击队经过英勇抵抗，才十分困难地避开正面交锋，撤离该地。随后，德军又集中精锐部队向集结在南部的游击队主力发起大规模进攻，形成一个扇形包围圈。缺衣少食的游击队在冰天雪地中坚持战斗，损失惨重。但是，游击队主力却摆脱了敌人的围剿。民族解放军第 1 旅还出其不意地翻越白雪皑皑的阿尔卑斯山，突然出现在地拉那附近，使敌人惊慌失措。

　　1944 年开春后，民族解放军发动反攻，接连收复失地，并成功地打退了敌人于 5 月底发动的第二次围剿，毙敌 3000 人。6 月，民族解放军进入总反攻阶段，到 10 月下旬，已发展到 7 万人。不久，民族解放军解放了首都地拉那，到 11 月 29 日，又开进德军的最后据点斯库台。至此，阿尔巴尼亚抵抗运动胜利结束。

　　抵抗运动也在德、意等轴心国内部逐渐形成。德意法西斯发动的侵略战争不仅对其他国家造成灾难，而且给本国人民带来痛苦，因而也受到本国人民的反对。所以，在这些国家出现不同程度的抵抗运动，也是理所当然的了。这其中，德国本身的反纳粹活动尤其值得注意。

德国的抵抗运动从战争一爆发就开始了。参加者有各种色彩的政党、社会团体和军界人士，以及反对纳粹暴政的普通人民。各种形式的抵抗组织几乎遍布社会各个阶层。其中最著名的有"白玫瑰"、克莱骚集团、贝克—戈台勒—哈塞尔密谋集团、黑色乐队和索尔夫夫人茶会等。

"白玫瑰"小组由慕尼黑大学的教师和学生组成，其领导人是25岁的医科学生汉斯·舒尔和他21岁的妹妹生物系学生莎菲。起先，他们在哲学教授库特·休伯的启蒙下利用通信方式，在各大学中进行反纳粹宣传，信上常以白玫瑰为标志。1943年初，"白玫瑰"成员开始公开活动，他们以"白玫瑰"的名义，把"打倒希特勒"的标语写到了繁华市区的墙上，并散发传单。2月份，他们甚至组织了一次示威游行，这在纳粹德国是破天荒的第一次。

德国秘密警察开始监视慕尼黑大学。2月19日，舒尔兄妹等在大学的阳台上散发传单，被一个宿舍管理员告密，舒尔兄妹和另一个学生于当天被捕。秘密警察对他们严刑拷打，莎菲的一条腿被打断了，但仍不屈服。在"人民法庭"上，莎菲坦然地责问庭长："你同我们一样都知道，这场战争已经输定了。为什么你这样卑怯，不敢承认这一点？"被捕的学生在22日被判死刑，他们勇敢地迎接了死亡。不久，"白玫瑰"小组的其他成员也受到迫害，这个组织遭到破坏。

克莱骚集团的名称来源于毛奇伯爵在西里西亚的克莱骚庄园。毛奇在庄园内组织了一个团体，吸收属于各种政治派别和思想派别的男子参加，而不论其身份如何，贵族和市民一样都可以成为团体的一员。这个团体主要关心的是在希特勒崩溃之后，应采取何种国家制度和社会制度。克莱骚集团的理想社会是基督教社会主义，在这种社会中，所有的人都是兄弟，现代社会的一切弊病都可以被纠正。但是，克莱骚集团太脱离现实，并没有采取实际行动去推翻希特勒的统治。尽管如此，希特勒仍不放过他们。在战争结束前，他几乎处死了这个集团的所有成员。毛奇在临刑前给妻子的遗书中写道："我们因为在一起思考，将被处以绞刑。"克莱骚集团的命运表明在纳粹统治下，丝毫没有思想言论的自由。

贝克—戈台勒—哈塞尔密谋集团则是一个行动的团体。它企图通过刺杀希特勒来使德国退出战争，改写德国的历史。贝克集团从1943年开始活动，其成员大多来自陆军军官和文职官员，领袖人物是德国前武装力量总参谋长贝克、前莱比锡市长卡尔·戈台勒，以及前驻罗马大使乌尔里希·冯·哈塞尔。该集团在反间谍机关谍报局建立了组织中心，并以此为掩护，在政府部门和军队中发展势力，从事密谋活动。

但是，正如贝克本人所认识的那样，"在德国军人的词典中，找不到变节和革命这两个词"。陆军元帅们虽然不满于希特勒的政治疯狂，军人的服从天职却使他们仍然忠于希特勒政府。除非希特勒死了，否则他们绝不会给密谋集团以任何实质性帮助。密谋集团没能争取到一个前线高级指挥官，但争取到了他们的不少下属。最后，密谋集团只好转向国内驻防军，想以这支辅助军事力量为主力发动政变。很显然，这支军队的实力太弱，不堪担此重担。

密谋集团决定先刺杀希特勒，然后再发动政变，这样才有可能获得那些犹豫不决的军官们的支持。密谋集团在 1943 年一年中就组织了不少于 6 次的暗杀尝试，但不是希特勒临时改变日程安排，就是暗杀计划本身出了差错，结果都阴错阳差地让希特勒逃了过去。其中，最重要的一次是"闪电计划"。

1943 年 3 月，密谋分子几次诱使希特勒到斯摩棱斯克的德军基地视察，终于如愿以偿。在希特勒返程的座机上，密谋分子在两瓶白兰地酒中放置了炸弹，准备炸死希特勒，然后在柏林发动起义。他们使用的炸弹是一个构造精巧的英国装置，设有令人生疑的钟表机构，只要按一个暗钮，酒瓶里的一个小瓶子就会被打破，流出一种腐蚀性很强的化学药品，慢慢地把一根拉住弹簧的金属线腐蚀掉。这根线腐蚀后，弹簧就把撞针一敲，打着雷管引发炸药。不幸，这枚炸弹的雷管失灵，没有发火，导致整个计划的失败。

1944 年，贝克集团的处境发生了变化。2 月，谍报局被解散，密谋分子失去了最好的藏身之处，活动大受影响。在正规军中进行渗透也是困难重重。但是，新鲜血液很快就补充进来了。陆军元帅隆美尔决定参加密谋集团。隆美尔既有指挥权又有指挥才能，曾在北非立下显赫战功，被誉为"沙漠之狐"，在军队中享有很高声望。他的加入无疑使密谋集团士气大振。另一个新加入者是克劳斯·冯·施道芬堡伯爵，他是一个头脑清醒、组织力超群、精力旺盛的青年军官。他曾在突尼斯战场受过重伤，失去左眼和右手，左手也仅剩下两根指头。但他伤愈后重返军队，任国内驻防军总司令弗洛姆的参谋长。在 1944 年，施道芬堡实际上成了密谋集团的真正领导人。

1944 年夏天，希特勒败局已定，决定命运的时刻来到了。密谋集团决定再次刺杀希特勒。这次行动的代号叫"伐尔克里"，总指挥是施道芬堡。在北欧日耳曼神话中，"伐尔克里"是一些美丽而可怕的少女，她们总是在古战场上飞翔，寻找那些应该被杀死的人。这一次，要杀的就是希特勒。按照计划，杀死希特勒后，密谋分子应调动柏林的驻防军，在两小时内控制首都的局面，成立反纳粹政府。然后再通知其他城市的驻防军指挥官，以及前线的高级军官，宣布希特勒已死，指望得到他们的支持，进而控制全国的形势。

7 月 20 日，施道芬堡奉召赴希特勒的大本营"狼穴"开会，行动的时刻就定在会议上。施道芬堡在公文包中夹放了一颗"闪电计划"时用过的那种炸弹，这次装的是最细的金属线，腐蚀掉它只需要 10 分钟。确知会议已经开始后，施道芬堡离开同行的人，回到会客室，用镊子夹破了装腐蚀液的玻璃管，这才走进会议室。他把皮包放在会议桌底座的内侧，离希特勒不到 2 米远，然后悄悄溜了出去。12 点 42 分，炸弹爆炸，整个会议室飞上了天，施道芬堡确信希特勒已死，就匆匆赶往柏林。同时，在元首大本营中的同谋也把消息通知了柏林，然后切断了大本营与外界的一切联系。到下午 5 点，通讯才恢复。

但是，由于线路不好，柏林的密谋分子没听清希特勒究竟死了没有，继续按兵不动。直到下午 3 点多钟施道芬堡抵达柏林，"伐尔克里"命令才发出去，但已丧失了最宝贵的三个小时，而在这三个小时中，大本营是与世隔绝的。施道芬堡这时已通知了巴黎的密谋分子，他们迅速行动起来，在天黑前逮捕并禁闭了在巴黎的全部党卫军和保安处宪兵，进展顺利。如果柏林也同样行动，情况可能就大不一样了。

但希特勒又一次死里逃生。原来，一名军官为了看清桌上的地图，把那个碍事的大皮包拎到了会议桌厚实的橡木底座外侧，在炸弹和希特勒之间，多了一层保护。炸弹的威力受损，虽然把希特勒炸得头发焦黑，两腿灼伤，却没能伤到他的要害。密谋分子又忘了控制柏林的通讯联络，因此，希特勒还活着的消息一传出，就给政变以致命的打击。施道芬堡等首领被一群反叛的下级军官逮捕，立即被处决，政变失败。这是纳粹德国史上最后的一次政变。

"伐尔克里"计划失败后，希特勒进行了血腥清洗，受牵连而死的达到4980人。密谋集团的成员几乎无人幸免，隆美尔也被迫自杀。德国的反抗力量未能消灭希特勒，纳粹德国只有靠盟军的武力来摧毁了。

意大利的抵抗运动在1944年发展最快。共产党和其他政党领导下的各个抵抗组织四出伏击敌人，破坏军事设施，切断交通线。有时，几支游击队联合向敌人发动攻击，解放国土。到6月份，各游击队已发展到40万人左右，其主体是共产党领导的"加里波第"游击队。不久，各游击队合并成"自由志愿军"，由各党组成的反法西斯统一战线"民族行动阵线"指挥。8月，盟国军队从罗马向北推进，北意游击队也积极参与，配合盟军行动。但10月份盟军受挫，游击队面对德军的清剿，暂时退入山林。

1945年4月，盟军发动全面攻击，民族行动阵线也着手策划武装总起义。4月中旬，起义爆发，很快解放了米兰、都灵等城市，还抓住了仓皇出逃的墨索里尼。28日，民族阵线判处墨索里尼死刑，

墨索里尼尸体被倒吊在空中

愤怒的群众把他的尸体倒挂在米兰的洛雷广场上示众。5 月初，意大利全境的战事结束，抵抗运动取得了胜利。

欧洲的抵抗运动在反法西斯战争中发挥着重要的作用。当大半个欧洲在纳粹的统治下几乎沉寂的时候，是抵抗运动在继续对法西斯开战，将战争进行下去。实际上，它已成为在北非和苏联战场以外的"第三战场"。在这个战场上，欧洲各国的抵抗战士依靠本国人民，开展各种形式的反抗活动，牵制了大量敌军兵力，重创了侵略者，有力地配合了主战场的战事，为世界反法西斯战争的最后胜利做出了积极的贡献。

七
"痛击欧洲的软腹部"

1943 年 5 月 13 日，盟军彻底击垮在北非突尼斯境内负隅顽抗的最后一支德意联军，就在同一天，盟军新的代号为"爱斯基摩"行动的作战计划被联合参谋部首长们批准，胜利的盟国军事领导人决定进攻意大利，重返丢失已达三年之久的欧洲。

早在同年初，当北非战役胜券在握时，盟国政治和军事领导人已在考虑如何使用他们在北非即将取得胜利的军队。美国方面的马歇尔将军和金海军上将虽曾打算增加太平洋战场上同日本作战的军事力量，但罗斯福总统担心美国若撤出在欧洲的军事行动，可能会使德国在苏联迅速取得全面胜利，也可能导致出现苏联和德国结盟的局面，于是断然拒绝了他们的意见。而当金海军上将与马歇尔将军转而要求在肃清北非敌军后，强渡英吉利海峡，给德军以直接打击时，英国方面的布鲁克将军、庞德海军上将及波特尔空军上将都认为直接渡过海峡进攻德军的时机尚未成熟，而且，要将在北非作战的大量英美部队转移到英国也是十分费事的。因此，在 1943 年 1 月 19 日举行的卡萨布兰卡会议上，联合参谋部接受了丘吉尔首相的意见，决定北非战役胜利结束后，在 7 月份有月亮的时候进攻意大利的西西里岛，其目标是：使地中海运输线更为安全；分散德国对苏联前线的压力；加强对意大利的压力。盟国领导人认为，要在意大利中部的那不勒斯或罗马进行登陆作战，将是过于冒险的行动，而攻占地中海中的撒丁岛虽可以为轰炸意大利北部的工业中心提供一个基地，却容易招致来自该岛以北意大利占有的法属科西嘉岛及意大利本土沿海的两面夹攻，因此也相当危险。于是，伸入地中海之中，靠近北非战役主战场突尼斯的西西里岛就成了主攻方向。

希特勒曾希望能在北非挡住盟军，使地中海变成法西斯帝国的内海，他拒绝了隆美尔元帅关于撤出北非、以保卫帝国在欧洲南部侧翼的建议，结果德意 8 个师约 25 万人的精锐部队在北非战场上被歼灭，意大利及地中海上的意属岛屿暴露在盟军的打击之下。这时，希特勒发现他自己强烈的征服欲望给他带来了一个难题：他难以确定盟军将从哪里进攻欧洲。因为从大西洋的法国西海岸到爱琴海的希腊东海岸的任何一个地方，盟军都可以凭借其海上和空中优势，选择他们认为适当的登陆地点。英国情报部门利用间谍活动给德国的情报部门传去了这样一个信息：盟军将在撒丁岛或希腊登陆，但他们将"佯攻"西西里岛，牵制德意军队。

希特勒认为盟军将在撒丁岛登陆，因为从这儿他们将跃入科西嘉岛，从而极其方便地进入法国本土，同时也可以将它作为进攻意大利本土的跳板。而负责意大利南部防卫的德军总指挥凯塞林陆军元帅却认为西西里岛将是盟军下一个进攻目标。鉴于意大利已没有剩余的机械化部队，他要求希特勒提供一支强大的机械化增援部队。希特勒 5 月中旬在给墨索里尼的一份私人电报中，答应向意大利派出五个师。但墨索里尼不愿在世人面前扮演德国的被保护角色，他既企图把盟军拒之门外，又不希望受到德国人过多的牵制，于是拒绝了希特勒的援助。只有一支因北非战场崩溃而未按原计划抵达北非的德国坦克部队驻于西西里，它们被组建为第 15 装甲榴弹师和赫尔曼·戈林装甲师，受意大利司令官古佐尼将军直接指挥，协助驻扎于西西里岛上，装备很差且士气低落的意大利 4 个野战师和 6 个师的海岸防守部队，守卫这个呈三角形、直径约 150 英里的岛屿。

2 月初，特别计划参谋部成立之时，即着手制订 "爱斯基摩" 行动计划。盟军确立了西西里岛登陆作战的指挥机构：美国艾森豪威尔将军任陆海空军总司令，英国亚历山大将军任副总司令，统率由蒙哥马利指挥的英军第 8 集团军和巴顿将军指挥的美军第 7 集团军组成的陆军；英国海军上将坎宁安任联合海军司令，英国的特德将军指挥盟军空军。具体的战役计划由蒙哥马利制订。艾森豪威尔主张英国集团军在西西里岛东南部登陆，美国集团军在岛西北部登陆，这样可以分散敌军力量，两面夹击。4 月，审慎的蒙哥马利坚决拒绝了艾森豪威尔的方案，并在 5 月 3 日向联合参谋部提出了他修改后的作战计划：蒙哥马利指挥的英军和巴顿指挥的美军同时在西西里岛东南部登陆，以对付防守敌军可能进行的猛烈反攻。这一计划在 5 月 13 日被批准实施。为此，盟军集中了 280 艘军舰、320 艘商船、900 艘大型登陆舰和 1225 艘小型登陆船只；3680 架歼击机和轰炸机将从空中掩护登陆行动。

从 5 月 30 日起，作为 "爱斯基摩" 行动计划的前期特别措施，盟国空军对西西里岛和班泰雷利亚岛进行连续不断的空中轰炸。班泰雷利亚岛距突尼斯海岸 50 英里，距西西里岛约 60 英里，意大利

12000 人的警察部队和数百名德国人在这个海拔 850 米、沿岸峭壁重叠的火山岛上踞守。盟军在这个小岛上投掷了 6000 多吨炸药，虽然只有少数守军因空袭丧失了战斗力，但 6 月 11 日，当由 5 艘巡洋舰、3 艘驱逐舰组成的盟军舰艇编队驶进该岛时，这个曾被墨索里尼吹嘘为坚不可摧的小岛却竖起了白旗。班泰雷利亚岛由此成为盟军登上意大利的强有力的据点。西西里岛的德意轰炸机也在盟军空军轰炸下撤往意大利北部和中部基地去了。

7 月 9 日，盟军首批登陆部队 15 万人，在 1375 艘舰艇组成的巨大舰队护送下，在强大的空军掩护下，没有遇到严重阻挠，到达了西西里西南的马耳他岛东面和西面的结集地，准备当晚登陆。但是突然风暴袭来，狂风和巨浪大大削弱了空军和海军的作战能力，许多参谋人员不敢冒险，纷纷提出修改登陆日期。这意味着登陆将推迟，以便舰队可以重新结集，但西西里的敌军也将有更多的时间加强防御，从而使盟军丧失出奇制胜的机会。统帅艾森豪威尔将军毅然决定："登陆行动照原计划时间开始。"到了半夜，风浪缓和了，但余波未息，一小部分登陆舰未能准时抵达西西里海滩，空降部队不仅受到防空炮火的袭击，而且因为风暴而推迟了到达目的地的时间，美国伞兵部队在方圆 50 里的地区分散成若干小股，英国 134 架滑翔机中有 47 架落到了海里。

恶劣的天气在某种程度上也帮助了盟军，它解除了防守敌军的戒备。9 日下午，敌军已发现有船只离开马耳他岛向北驶来，但高级统帅部的警告在下级司令部里未引起足够的重视，那些因连续几晚戒备而疲乏不堪的意军在床上辗转反侧，感谢上帝赐给他们一个太平无事的夜晚。但 7 月 10 日黎明，盟军的巨大舰艇编队铺天盖地而

美军在西西里岛登陆

来，满载增援部队的登陆艇也源源不断地抵达，因天气恶劣而不意分散在广泛纵深地区的一股股盟军伞兵部队在敌人后方引起普遍的惊慌和混乱。大部分由西西里当地人组成的意大利军队战斗力极弱，不愿在他们的家门口打一场破坏性战争，因此，他们纷纷放弃抵抗。海滩上的防线很快就被摧毁，沿岸的炮兵阵地基本上没有开炮，登陆部队只受到微不足道的损失，那些意大利海岸防守部队几乎一枪未发便瓦解了，意大利野战师也四处逃窜，整批整批地向盟军投降。从登陆的第一天起，防守任务就落在两个不久前拼凑起来的德国师及随后前来增援的另外两个师共 7 万人身上，而盟军登陆后的最初三天便在西西里岛上集结了 15 万人的部队，并有效地阻击了德国部队在登陆次日对美军滩头阵地发动的两次进攻。

从防守敌军一触即溃的情形来看，蒙哥马利制订的集中一个方向进行进攻的计划太过谨小慎微，这使敌军可以利用西西里岛中部多山的地形重新组织防守力量。在开头的三天中，英军在岛东南角长达 40 英里的海岸地带登陆，并控制了伦蒂尼地区。蒙哥马利决定向北部的卡塔尼亚平原进击。7 月 13 日，英军一个伞兵旅空投到锡美托河上的普利马索桥附近，此桥距卡塔尼亚城 8 英里，是进入卡塔尼亚平原的必经之地。在英国伞兵到达的同时，德国一支伞兵部队也被空投到那儿。次日，德军夺回已被英军控制的普利马索桥，随后到达的英军主力部队经过三天激战，才再度夺取这座桥，重新打通了通向卡塔尼亚平原的道路。但不断加强的德军集中布置在与意大利本土只有一箭之隔的墨西拿城沿海大道上，蒙哥马利于是无法按计划长驱直入，占据墨西拿城，扼守西西里通往本土的"脚尖"部位，进而迅速肃清西西里的敌军。他于是不得不将第 8 集团军的主力西调，以便穿过内地山区迂回前进，配合、掩护在英军滩头阵地西南 20 英里登陆的美军巴顿第 7 集团军行动。7 月 22 日，第 7 集团军到达西西里北部海岸并占领重要港口城市巴勒莫。

为了加强攻势，盟军从非洲增调了两个新的步兵师，登陆部队总数达到 12 个师 40 多万人，但这支庞大的部队在西西里岛东北的三角形多山地带却施展不开拳脚，而防守敌军每撤退一步，防线便缩短一些，防御力量因而也越来越加强。审慎的蒙哥马利未能利用海上优势在该岛东北角实施登陆作战，给防守敌军向意大利本土撤退提供了机会。巴顿虽在 8 月上旬至中旬在北部海岸作过数次跳跃式的登陆作战，但均因发动太迟，未能阻止敌军。意大利守军司令古佐尼将军和德军南部军事统帅凯塞林在 7 月底即已分别做出从西西里撤出防守部队的决定。

8 月 17 日早晨，美军和英军先头部队像游客一样兴高采烈地进入墨西拿城，但在西西里的 6 万多德军中也有 5 万人带着 10000 多车辆及 17000 多吨辎重顺利地退到了意大利本土，在那儿等待英美军，准备与他们再次厮杀，6 万多意军也安全撤走。在这次战役中德意军被俘 20 多万，其中德国人仅 5000 多名，英美军伤亡共计 22800 人。与"爱斯基摩"行动的巨大规模相比，西西里战役不算十分成功，但它毕竟是盟国军队在欧洲采取的第一次大规模登陆作战，并在政治上取得了巨大成就，那就是意大利墨索里尼法西斯政府的垮台。

早在西西里战役爆发前，意大利的人力物力已因墨索里尼追随希特勒的侵略政策而弄得山穷水尽。意大利不仅没达到参战的目的，反而丧失了它的殖民地，它的海军甚至被赶出了地中海，北部的工业中心也在 1942 年秋季以后规模越来越大的空袭中被夷为平地。盟军进入西西里，整个意大利半岛几乎毫无遮掩地暴露在盟军的打击之下。意大利人民在日益艰难的处境中对法西斯主义越来越不满，反战运动及各种反法西斯主义的地下活动进一步高涨。法西斯党当政前的政界人物、军队里反德国的领导人以及法西斯党内部被贬黜的党徒都转而试图利用国王维克托·埃曼努埃尔来推翻墨索里尼，借此与盟国讲和，退出法西斯战争。

还在西西里激战时，7 月 24 日，在法西斯党最高委员会会议上，以原法西斯党人齐亚诺和格兰第为首的 19 人提出一项动议，建议"恢复宪法权力"，以便"在有关国家前途危急时刻使全体意大利人在道义上和实际上团结起来"。也就是说，国王应该重新掌握武装部队的实际指挥权和"对一切决定的完全主动权"，墨索里尼则专心致志地做他的党的领袖。这时，墨索里尼在内外交困中已经显得心力交瘁，所以没有进行反击。次日，他在应召前往觐见国王时被解除了首相职务，并受到逮捕。为了他的"安全"，将他送到利帕里群岛的一个岛屿上，后来又把他转移到亚平宁山脉大萨索山上的一所平房里囚禁。对 19 人集团来说，这一天成了愚人节，格兰第自以为重新得宠于国王，没想到国王早已决定任用巴多利奥为首相。此人是军界头号人物，1940 年意军在阿尔巴尼亚战败之后被解除总参谋长职务。于是格兰第和齐亚诺只好逃之夭夭。19 人中有几个人后来还为他们的变节行为而送了命。但墨索里尼垮台毕竟是盟国在道义上和政治上对法西斯主义的巨大胜利，意大利反法西斯分子从监狱中被放了出来，恢复了工会，恢复了言论自由和集会自由。

巴多利奥政府制定的目标只有一个：尽快使意大利退出战争。

但这是一个极其艰难的任务。希特勒早在 7 月中旬便公开表示他对"意大利败类"的不信任，并把对他的朋友墨索里尼的侮辱视为对自己的侮辱。7 月 25 日，罗马政变发生的同一天，希特勒将刚刚出发到希腊去担任指挥工作的隆美尔召回到自己在东普鲁士森林里的司令部，次日，隆美尔奉命前往阿尔卑斯山集结部队，作好可能进军意大利的准备，并将驻于德国和法国南部的几个德国师调到意大利北部，借口是防备盟军在意大利北部登陆，并防守阿尔卑斯山各山口。9 月初，隆美尔指挥的 8 个师已在意大利阿尔卑斯山边境站住了脚，而意大利南部的德军 6 个师则在凯塞林陆军元帅指挥之下，其司令部就设在罗马附近。

意大利当时只有 18 个步兵师，装备和机动性都很差，还有一些固定的海岸防御部队留驻半岛，其余 38 个师则分布在法国南部、科西嘉岛、巴尔干国家和佐泽尼索斯群岛。所以，巴多利奥政府若想召回意大利军队，武装反抗德国"盟友"并将德国人赶出意大利，几乎是不可能的事。在这种形势下，巴多利奥一上台，便公开声明，意大利将按照自己的传统信守诺言，继续参战，以此安抚德国人，不至于引起他们的不满和怀疑，导致他们在意大利采取强硬行动。

巴多利奥政府急于把他在国外的军队撤回意大利本土，以获取与昔日盟友德国决裂的力量。8 月 1 日，两国政府的代表在威尼斯附近的特雷索尔召开了会议。巴多利奥政府的外交大臣古阿里利亚和军队总参谋长安布罗西奥向德国代表里宾特洛甫表示：意大利将恪守与德国的同盟义务，并要求德国给予大量装备和军用物资，以便它能继续进行战争，同时要求将驻占领区的意大利军队调回本土，加强国内防御。8 月底，希特勒答应意大利军队从法国南部和巴尔干

巴多利奥

地区撤回，但不允许将这些军队布置在"帝国边界附近"，即德国军队严密控制的亚平宁山脉以北的意大利北部地区。同时，希特勒还拒绝了意方关于将德国军队调到意大利南部，防止盟军在那儿登陆的要求。由于德国人在交通等方面加以拖延，意大利的撤军行动因此极度缓慢。从占领区撤退的意大利部队也得到政府提醒：必须注意德军行动，严加警戒，一旦受到攻击，要向德军最薄弱的方向实施突击，破坏和摧毁通信线路、汽车站、弹药库、飞机等等，与此同时，驻法国、意大利和南斯拉夫的所有德国军队也都收到了德国方面的指示：一俟意大利退出战争，即按照约定信号解除驻地内全部意军的武装，并予以拘留。

在与德国人虚与委蛇的同时，巴多利奥政府的代表于 8 月 5 日在激战中的西西里与同盟国开始秘密谈判。英国人想取代意大利在地中海的地位，便与苏联一道要求严惩意大利，这延缓了谈判进度。但两国最后还是接受了美国总统罗斯福的要求，让西西里盟军总司令艾森豪威尔放手去干。这样，艾森豪威尔就可以对意大利提出他认为合适的停战条件，保证盟军在未来的战斗中尽可能得到意大利的帮助。

8 月 28 日，意大利代表团团长带着谈判成果回到了罗马，秘密停战条款要求意大利把科西嘉岛、撒丁岛和陆地部分的全部领土交给盟国军队，并在指定地点集中海、空军，以便向盟军移交。此外，盟军还要求意大利为他们保障通往所有港口和机场的道路，不管这些港口和机场的德军是否已经撤离，在盟军占领它们以前，应由意大利军队防守。这一停战协定意味着意大利向德国宣战。8 月 31 日，盟军总部以最后通牒的形式将这些要求向意大利提了出来。巴多利奥政府本想避免把意大利变成战区，现在这种希望破灭了，但它还是接受了盟军条件。现在，只希望盟军在罗马北部登陆，并在罗马空投一个师，帮助罗马周围的 5 个意大利师，保卫它的首都。盟军总部暗示同意意大利的要求。9 月 3 日，停战协定在卡西比尔签字，意大利认为自己还需几天时间稳住阵脚、做好准备，特别是希望有时间把意大利部队同罗马附近的德国部队隔离开来，并且控制盟国空降师将要进行空投的几个机场。因而双方约定该协定将于盟军在罗马地区登陆时才公开宣布。

盟军攻占西西里后，下一步便是向意大利本土发起攻击。8 月 16 日盟军总部发布了向意大利"脚尖"勒佐城发起进攻的"海湾城作战计划"，蒙哥马利的英国第 8 集团军奉命在意大利"脚尖"上占领一个桥头堡，并尽可能向前进击，吸引敌军，使盟军的舰队能够通过墨西拿海峡，实施在萨勒诺登陆的"雪崩作战计划"。盟军选择这两个新的进攻地点，只是因为它们适于登陆作战，又在盟军空军有效的作战范围之内，而意大利"脚跟"部分虽有塔兰托和布林迪西两大港口，具有有利的平坦海滩，但从西西里起飞的飞机难以到达那儿，不便于支援登陆部队。

盟军的准备工作过于小心，因此直到 9 月 3 日下午，"海湾城作战计划"才开始实施，西西里海岸的 600 门大炮以及 126 门海军大炮对登陆海岸进行了密集的轰击，随后英国第 5 师和加拿大第 1 师渡过墨西拿海峡，在意大利"脚尖"上登陆。登陆部队没有受到任何抵抗，3 名掉队的德军和 3000 名意军成了俘虏，德军摩托化步兵第 29 师早已奉命退却，只实施一些阻滞行动，以小股军队同盟军接触，并大规模破坏道路。9 月 6 日，登陆盟军只前进了 30 英里，8

日，英军一个加强团在巴尼亚拉地域登陆，切断还在退却的德军后路，但受到德军坦克第 26 师的反击。德军摩托化步兵第 29 师终于突围到加坦萨罗、尼卡斯特罗一线，与第 26 师会合，稳住阵线，但这已是 9 月 10 日的事了。

9 月 5、6 两日，盟军的护航队先后从的黎波里、奥兰、阿尔及尔、比塞大及西西里北部港口巴勒莫等地起航，前往目的地萨勒诺海湾，这支包括 700 艘船只和登陆艇的大舰队载着美国第 5 集团军首批登陆的 55000 名士兵，将在司令官马克·克拉克将军的指挥下，实施"雪崩作战计划"。这一作战计划有一个乐观的代号，盟军领导人希望不出三天便拿下萨勒诺以北的那不勒斯港口城市，然后将呈腿形的意大利半岛拦腰切断，歼灭意大利南部的德军。

盟军领导人对战局这一乐观的估量源于他们对意大利投降所寄予的过多希望。9 月 8 日，盟军总部突然通知巴多利奥说，他们就要在当晚宣布停战协定。当日下午 6 时 30 分，当执行"雪崩作战计划"的军队靠近萨勒诺时，艾森豪威尔在阿尔及尔广播电台播送了同意大利签订的停战协定文告，下午 7 时 20 分，在英国广播公司新闻广播中进行了重播。盟军总部希望这将促使意大利部队倒戈，迫使德国军队两面作战，为登陆作战提供极有利的条件。但措手不及的巴多利奥认为准备工作尚未完成，自己无力防守罗马并抵御德军，于是就偕同国王维克托·埃曼努埃尔于当晚逃到了布林迪西。艾森豪威尔事先已得知意大利缺乏准备、惊恐不安，只好取消在罗马进行空降的计划。

意大利投降的广播文告使德国人大吃一惊，但德军在罗马的行动却是迅速而果断的。当日晚，根据凯塞林下达的名为"轴心"的密码命令，在极短时间内德军就解除了驻地附近意大利部队的武装。罗马的意大利军队统帅部慌作一团，它不是利用驻罗马的 5 个师与附近的两个德国师对抗，而是尽量避开德军，撤退到蒂沃利，把首都留给德军。德、意两军对垒两天后，凯塞林答应意军如若放下武器，他们立即可以回家，而且保证将圣城罗马变成一座不设防的城市，由警察部队去维持占领。意大利军队于是放下武器。在首都以外的地方，意大利部队士气涣散，几乎都束手被解除了武装。在土伦，仅仅几个德国水兵就俘虏了几千名意大利士兵。驻希腊克法利亚岛的意大利部队在甘丁将军的领导下，与德国军队展开战斗，但最后德军依靠空中优势击败了意军，意大利军投降后军官全都被杀，包括甘丁将军在内，近3000名士兵则被赶往布满地雷的海滩上船，结果全部踩雷丧生。意大利一些海军将领较早得知停战条款，将 126 艘舰艇分别从拉佩斯、塔兰托和巴里等港口安全地转移到西西里的巴勒莫港和马耳他，转入盟军阵营。

早在 7 月 25 日墨索里尼政府垮台后，希特勒就意识到巴多利奥政府迟早会倒向盟国，他不能确定的是这一天究竟在什么时候到来，也难以预料德国军队在意大利的结局。从 8 月开始，由于意大利人不太与德国人合作，驻意大利南部的德军 6 个师，其中包括从西西里退出的 4 个师，在人员、武器和装备方面的供给和补充几乎断绝，命运堪虞。德军统帅部背着意大利人将这几个师重新组编为第 10 集团军，由菲廷霍夫上将指挥。第 10 集团军的任务是制止盟军由意大利南部向北部推进，为在意大利中央地区组织防御赢得时间，但要保证撤退路线的畅通，如有必要就尽可能不受损失地退到罗马以南地域。隆美尔元帅指挥的 B 集团军群接到命令在亚平宁山脉地区和毗连的沿岸地带构筑阵地，实施坚决的防御，防备盟军进入意大利北部，威胁奥地利、德国本土和法国占领区。隆美尔还得到指令：一旦驻意大利南部的德军逃脱盟军和意军的夹攻，他就应将其开入亚平宁阵地。但后来意大利军队倒戈失败，被迅速地解除了武装，德军控制了交通和通信线路，意大利南部德军得到了增援，于是就摆脱了受到内外夹攻的危险。9月16日，德国一支党卫军突击队将囚禁在大萨索山的墨索里尼营救了出来，让他纠集仍支持德国的法西斯党徒，继续协助德国在意大利的战争。

德国人最担心的是盟军将在罗马实施空降，或在罗马附近的海岸登陆，那将迫使德国人自动地从意大利南部撤退，而且使他们不能有效地组织在亚平宁山区的防御作战。但盟军选择了萨勒诺地区作为主攻方向，这正是驻意德军统帅凯塞林预料的地点，因而他能够极其便利地集中其少量兵力在那里迎击同盟军。英国第8集团军向意大利"脚尖"的进军，也没有超出德军的预期，而且离凯塞林部队太远，不构成直接威胁。由于这些原因，原计划"雪崩作战计划"应在三天之内拿下那不勒斯，结果却用了三个星期的血战才得到。

9月9日凌晨3时左右，登陆部队在萨勒诺海域宽30公里的正面向海岸接近，这之前他们受到德军的数次空中轰炸。萨勒诺东南是一片宽30公里、纵深12公里的低地，四周环绕着陡峭挺拔的群山，盟军进占那不勒斯的关键是控制穿越萨勒诺以北群山中的那条公路。美军第36步兵师在护航舰队强大炮火的掩护下，未遇抵抗即在梅奥里的一片海滩上登陆，并在3小时内抢占基翁齐山口；在美军登陆场北边，英军第46师、第56师也顺利地在萨勒诺以南不远的维耶特里登陆，但他们遭到德军防御部队第 16 坦克师的阻击，损失较大。由于英军对萨勒诺城威胁更大，因此他们成为德军防御作战的主要目标。

9 月 10 日，美军第 36 师在他们的后备部队第 45 师的增援下，向内陆推进了约 10 英里，几乎到达公路枢纽蓬泰塞勒，但他们攻占这个滩头堡顶点的作战受到德军反击而失败。这天凌晨，英军攻占蒙特科维诺飞机场和公路交叉点巴蒂帕利亚，但他们随即又在德军的两个步兵营和一些坦克的猛烈反击下撤回。这天晚上，英军第 46 师占领了萨勒诺，但再也不能北进一步。德军有效地利用萨勒诺周围的山地及意大利东部福贾机场空军的支援，将盟军压迫在彼此相隔的两个滩头登陆场上。

9 月 12 日，力量不强的德军第 16 师得到增援，援军是从意大利南部卡拉布里亚撤回的第 29 装甲榴弹师和从那不勒斯前来的第 26 坦克师的主力。德军向美军登陆场发起突击，美军两个师被击溃，很多人被俘，向海岸撤退，英军也被迫再次撤出巴蒂帕利亚，退缩在萨勒诺附近一条狭窄的海滩上。德军控制了萨勒诺周围全部山口，并冲入登陆英美军队的中间地带。次日，德军继续向美军进攻，将其逐出佩萨诺，迫使美军总退却，德军趁机在很多地方向美军防线渗透，有一处离海滩只有半英里地。

形势如此严峻，以致第 5 集团军司令官马克·克拉克准备将其司令部迁到舰艇上去，并命令海军准备好船只，随时准备撤出美军，把他们投向英军登陆区，或者让英军向南部的美军靠拢。艾森豪威尔和亚历山大将军接到这一报告，对这一几乎无法实现的大规模应急变动大吃一惊。他们于是对登陆部队进行了紧急增援，将第 82 空降师拨归克拉克指挥。14 日，盟军地中海战场所有的战略和战术空军，凡可以调用的飞机，全都被调去轰炸德国部队和他们的直接运输线。这一天，总共出动了 1900 架次飞机。盟军舰艇上的炮火也以惊人的准确性和灵活性对进攻的德军进行了猛烈的轰击，终于将德军的攻势遏止。15 日，英军第 7 装甲师在北部桥头堡登陆。到 16 日，盟军登陆场上的兵力已相当于 7 个大型师。德军虽得到从罗马和加埃塔来的第 3 和第 15 装甲榴弹师的支援，但其兵力仅相当于 4 个师。这一天，德军对英军战区重新发动攻势，其中一支从北面向萨勒诺方向冲击，另一支向巴蒂帕利亚冲击。盟军大炮和坦克得到包括前来增援的英国战舰"刚勇号"和"战仇"号等海军炮火的支持，顶住了这些进攻。这时，在意大利"脚尖"登陆的英国第 8 集团军也逐渐由狭长的卡拉布里亚半岛向北进击，并与登陆盟军取得联络。德军阵地面临被迂回包围的危险。16 日晚上，凯塞林见已不可能将盟军赶下海，便准许德军在海岸线上停止战斗并向北撤退，在那不勒斯以北 20 英里的沃尔土诺河一线迎击盟军。

英美海军炮火曾帮助击退了德军的反攻，而德军可以自慰的则是，那天下午，用新型 FX－1400 型无线电控制的德国滑翔炸弹直接命中了英国"战仇"号并使它报废。9 月 9 日，意大利的主要舰队从斯培西亚开出去加入盟国海军时，德军以同样的手段对付它——用一枚无线电控制的炸弹把它的旗舰"罗马"号击沉了。

盟军在萨勒诺登陆的当晚，英国第 1 空降师乘坐 5 艘巡洋舰和 1 艘布雷艇抵达意大利"脚跟"部分的塔兰托港，执行"响板作战计划"，这是"雪崩作战计划"的辅助行动。这一地区是德国第 1 伞兵师的防区，但是一部分人马已调往萨勒诺地区，其余人马则撤到塔兰托以北 120 英里的福贾布防。英军几乎未经战斗，仅利用其携带的 6 辆吉普车和征用来的车辆横冲直撞，几天之内便占领了布林迪西和"脚踝"部分的巴里两大港。9 月下旬，英国第 78 师及印度第 8 师分别在巴里和布林迪西登陆，蒙哥马利把英国第 13 军也调到东海岸。强大的英军小心翼翼地向北挺进，于 9 月 27 日兵不血刃地占领了福贾机场。德军第 1 伞兵师在完成掩护德军从意大利南部撤退的任务后，已退到福贾北部小港特尔莫利。

9 月 9 日，科西嘉岛上法国抵抗运动"民族阵线"宣布起义，阿尔及尔的法国领导人吉罗将军于 9 月中旬派部队在科西嘉登陆，驻科西嘉岛和撒丁岛的德军奉命撤到意大利北部，以增强抗击盟军的力量，防止他们长驱直入意大利北部，威胁希腊和巴尔干地区。

第 5 集团军经过三周的奋战，以伤亡近 12000 人的代价于 10 月 1 日进入其首要目标那不勒斯。10 月初，盟军基本上控制了意大利南部，盟军司令部最初成立了一个由军官组成的"占领区盟国军政府"，来治理这个地区和管理民用必需品的供应。逃到布林迪西的意大利国王维克托·埃曼努埃尔和首相巴多利奥虽被意大利北部的抵抗组织指斥为法西斯主义的残余，但他们却逐渐以其真心诚意而受到盟国的赏识。9 月 30 日，盟国正式承认巴多利奥政府的"共同对德交战国"地位，10 月 13 日，意大利政府正式对德宣战。

盟军现在终于在欧洲南部站稳了脚跟，并为大规模登陆作战，特别是后来的诺曼底登陆提供了经验。但德军毕竟利用盟军过分的谨慎完成了延滞敌军的战略任务，撤出了在意大利南部的兵力，在中部地区形成了防御作战的有利势态，且未受到严重打击。正因为如此，希特勒对意大利的战局开始乐观起来，原任驻意德军司令的凯塞林因防御作战有功，也在 10 月初被任命为 C 集团军群（西南集团军群）司令，所有在意大利的德国部队统统归他指挥。凯塞林领受了新的作战任务，即在意大利中部已构筑防御堡垒的地区坚守，直到敌人迫使其退到下一个筑防地区，以这种方式来拖延德国南部受到空中威胁的时间。两个月之前，为保护阿尔卑斯山口，希特勒建立了隆美尔指挥的 B 集团军群，现在看来这已经不必要了。B 集团军群的人马被调往法国占领区，防止盟军从英吉利海峡登陆作战。凯塞林相信，通过坚守防御能够在罗马以南长时间地阻住敌人，因此，他早在 9 月底就下令在加里利亚河、明亚诺、沃尔土诺河上游、马印拉高原、桑格罗河一线构筑防御阵地，并将北部第 14 集团军中的 3 个师调归第 10 集团军，使它能够完成坚守这个地区的新任务。

10 月初，登陆盟军继续向北进攻，德军利用山地和河流以及地中海气候造成的冬日多雨气候，进行顽强抵抗。德军第 10 集团军共 7 个师，其中有 3 个师在狭窄的西面山地，抵御马克·克拉克指挥的第 5 集团军属下 7 个步兵师和 1 个坦克师；另 4 个师在较宽阔的东面，利用一条条河流，阻挡蒙哥马利指挥的第 8 集团军属下 4 个步兵师和 1 个坦克师。盟军不仅编制数超出德军近一倍，而且每个师的兵员也超出德军三分之一以上。盟军作战目标是进占罗马，把德军赶到罗马以北地区，但盟军强大的正面进攻面对德军的防御工事，进展缓慢。到 1944 年 1 月初，盟军的推进在距萨勒诺北面仅 70 英里的古斯塔夫防线前陷于停顿，这儿距罗马还有 80 英里之遥。两个多月的冬季攻势，盟军收效甚微而损失惨重，仅第 5 集团军伤亡即达 4 万人，而且在丛山峻岭中作战的美军有 5 万人患病。

盟军在意大利的进攻陷于僵局，盟国领导人经过磋商，于 1943

158

年11月德黑兰会议上决定把"霸王作战计划"（越过英吉利海峡进攻诺曼底的计划）放在优先地位，同时把"铁砧作战计划"（在法国南部登陆的计划）放在辅助地位，而意大利的战略目标则仅限于占领罗马，然后向半岛"脚部"的比萨—里米尼一线推进，以不断的进攻行动尽可能牵制更多的德军，为盟军在法国开辟新的主战场创造条件。同年12月，艾森豪威尔、蒙哥马利先后奉命到英国接受新的任务，随他们而去的还有巴顿将军、空军上将特德和海军上将坎宁安等赫赫有名的战将及属下7个久经沙场的英美师。意大利战场上的盟军整编为第15集团军，由英国亚历山大将军指挥。但英国首相丘吉尔仍希望"痛击欧洲的软腹部"，即迅速击败在意大利的德军，先于苏联军队进入巴尔干，以保证英帝国在地中海上的利益。因此亚历山大奉命制订了"砾石作战计划"，以击溃古斯塔夫防线上的敌军。

古斯塔夫防线西起那不勒斯以北40英里的地中海海岸，东到亚得里亚海滨的奥尔托纳，横贯意大利全境，由密集的钢筋混凝土工事和布雷区构成，其中枢制高点是高耸入云的卡西诺峰，峰顶建有修道院，峰上的德军居高临下，可以一清二楚地监视盟军对其最终目标圣城罗马所可能采取的一切行动。盟军奔赴目的地的必由之路是利里河谷，宽阔的6号公路通过该谷直达罗马。水流湍急的利里河和拉皮多河，在卡西诺峰一览无余地俯视下流入利里河谷，它们为克拉克的英美联军横下了又一重障碍。从中央山脉奔腾而下的桑格罗河，挡住了英国第8集团军的进攻路线。亚历山大决定1944年1月20日前后由克拉克将军率第5集团军进攻，美国第2军渡过拉皮多河出击，待其右边的法国军和左边的英国第10军发出攻击并吸

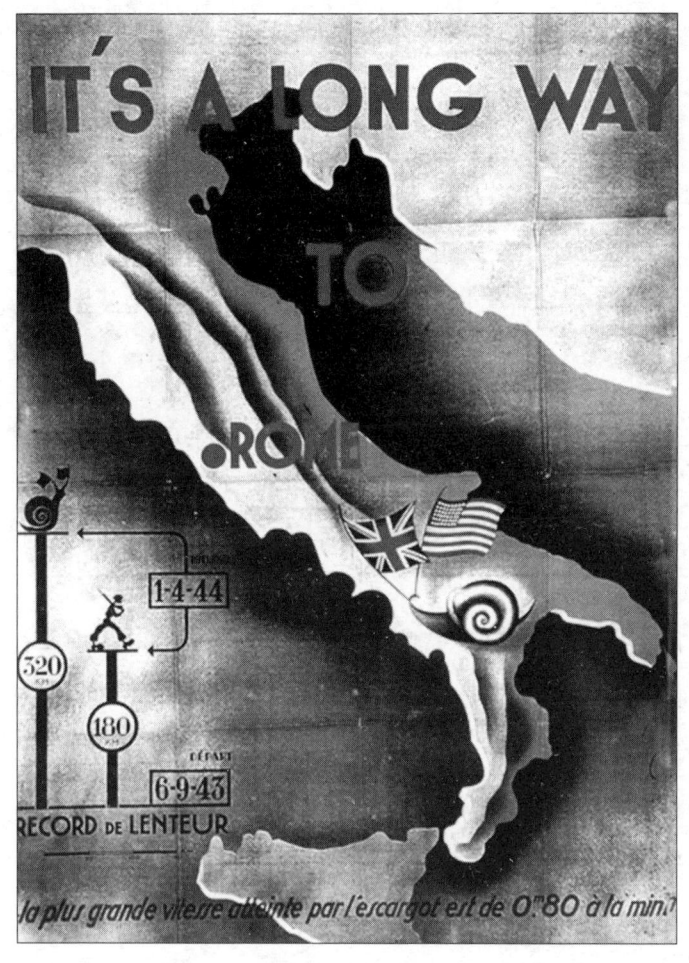

纳粹德国海报《漫长的路》，嘲笑盟国在意大利的攻势进展缓慢

引开防御的德国第 14 装甲军后，进据利里河谷。一旦对古斯塔夫防线的进攻取得进展，美国第 6 军将在罗马南边的古斯塔夫防线以北 60 英里的安齐奥登陆，趁德军调集部队迎击安齐奥登陆部队时，第 5 集团军再一举突破古斯塔夫防线。

1 月 17 日晚，英第 10 军展开横渡加里利亚河下游的凌厉攻势，同时，自由法国远征军推进到卡西诺北面的群山之中。次日，美第 2 军向拉皮多河方面发动进攻。经过两天激战，英国夺取了一个 4 英里宽的楔形阵地，法军成功地穿入德军阵地数英里，美军也越过拉皮多河上游。但盟军未能进入利里河谷。

1 月 21 日下午，由 253 艘舰艇组成的舰队，装载着卢西恩·特拉斯科特将军指挥的美国第 3 师和彭尼将军指挥的英国第 1 师，外加一个伞兵团和两个坦克营共 36000 名士兵及坦克、大炮和补给品，从那不勒斯起航出海。为了迷惑德军，舰队经卡普里岛向南行驶，夜幕降临时，又折而北行，于次日凌晨两点涌入安齐奥海边。安齐奥小镇是一个渔港，现在是驻守古斯塔夫防线的德军休养中心，当时驻有一个休假中的德军工兵营。盟军的偷袭极为成功，德军那个工兵营成为囊中之物，他们被俘时许多人还穿着睡衣。盟军人马辎重当天晚上就全部上岸，在那不勒斯的后续部队美第 1 装甲师和第 45 步兵师将随后跟进。可惜第 6 军指挥官约翰·P. 卢卡斯少将是一个忧心忡忡的军人，他没有利用有利时机进驻距安齐奥仅 15 英里的阿尔班山地，而是急于执行克拉克将军的指令，在安齐奥海滩建立阵地，登陆部队上岸后过了整整 24 小时，还在海滩上忙忙碌碌。

凯塞林接到盟军在安齐奥登陆的消息，大吃一惊，但他迅速采取应急行动。德军第 14 集团军奉命从意大利北部奔赴安齐奥，该集团军司令冯·马肯森将军携带从 8 个师抽调而来的部队，于次日全部控制了阿尔班山地，在安齐奥周围组成了一道坚固的防卫圈，而且德军的 5 个整师正经由各山隘沿既定路线兼程赶来，他们的"元首"也注视着安齐奥，要他们将盟军重新赶入大海。日益增强的德军炮火密集地轰击安齐奥，几个月来一直被盟军压制的德国空军也极为活跃。

登陆后的一周内，盟军没有大规模的出击行动，小规模的行动很快就被德军击退。在伦敦的丘吉尔电令亚历山大火速占领阿尔班山地。1 月 28 日，克拉克奉亚历山大之命乘快艇穿过纷飞的炮火，冒险来到安齐奥。美军第 1 装甲师及其 250 辆谢尔曼坦克和美军第 45 步兵师不久也登上了滩头阵地。卢卡斯这时决定兵分两路，实施突击，但突击部队伤亡惨重，只前进了 12 英里，刚刚到达阿尔班山地的第一道山坡，就被德军阻挡住了。到 2 月 3 日，盟军再次转入防御态势，而德军一步步向前推进。盟军的防线日益紧缩，德军对滩头阵地的炮击和空袭不断加剧，挤集在安齐奥海滩上的 12 万盟军士兵普遍产生了大难临头的感觉。2 月 14 日，亚历山大亲临安齐奥，他表示盟军不会在这儿来一次敦刻尔克大撤退。他将进攻古斯塔夫防线的英第 56 师从主战场上抽下来，增援安齐奥。而从古斯塔夫防线正面进攻的盟军部队不仅不能得到预想中的安齐奥登陆部队的援助，反而不得不对卡西诺峰发起猛烈攻击，解救安齐奥的危机。他们取得的成就只是炸毁了卡西诺峰顶上的修道院，德军则在其废墟上建立起工事，更有力地阻挡盟军的进攻。

2 月 15 日上午 6 时，德军 6 个师近 13 万人对安齐奥发起强攻，一批批德军士兵冒着盟军的炮火，越过同伴尸体杀向前来。盟军在村舍的断垣残壁和掩体内奋勇还击。到 18 日，德军已踏上了滩头前沿阵地，与盟军士兵展开白刃战，盟军的非作战人员如厨师、仓库人员、司机也全部武装起来。19 日拂晓，盟军士兵惊奇地发现，德军已经坚持不住，放弃进攻而在硝烟中遁去了。在防御作战中有功的特拉斯科特将军被任命为第 6 军司令官，取代了卢卡斯。

此后，双方都为一场旷日持久的防御战而筑壕设防。由于诺曼底登陆迫在眉睫，在意大利的盟军也不指望能得到新的援助了。德军对安齐奥两次新的进攻已宣告失败，凯塞林也不打算让他的两个集团军在更大规模的进攻中消耗殆尽，于是就致力于防御。亚历山大将军则在潜心设计一举突破德军防线的"皇冠作战计划"。

1944 年 5 月 11 日晚 8 时，盟军从古斯塔夫防线正面和安齐奥发起两路进攻，他们终于攻克卡西诺峰和阿尔班山地，德军第 10 集团军沿着亚平宁山脉蜿蜒的山脊向北逃向安全地带。6 月 4 日，盟军进占罗马。凯塞林决定在整个夏季用一系列阻滞行动来减慢盟军的进军速度，在冬季则退守罗马以北约 80 英里的坚固的"哥特防线"。盟军进占罗马后两个星期，德军终于在特拉锡梅内一线稳住阵脚，凯塞林得到德国最高统帅部新拨给他的 4 个师的增援，而亚历山大则不得不同他属下的 7 个师、大部分增援空军以及在意大利的盟国后勤人员分手，这些人将奔赴法国参加战斗。

在此后的夏季作战中，亚历山大指挥的意大利盟军取得零星的进展。7 月 15 日，盟军中路突破了特拉锡梅内一线，德军撤到从比萨经佛罗伦萨又向东延伸的阿尔诺防线，这儿距盟军的进攻目标"哥特防线"已近在咫尺。亚历山大制定了秋季作战的"橄榄作战计划"，决定将第 8 集团军秘密调回到亚得里亚海一边，避开意大利中部连绵不断的亚平宁山脊，在那里进行突破而向里米尼推进，当德军的注意力集中到亚得里亚海岸后，第 5 集团军便在中左路发起进攻，以夺取波伦亚为目标。待德军回头对付第 5 集团军时，第 8 集团军再冲进伦巴底平原。这一计划是根据丘吉尔的意见制定的，它希望把德军从主战场吸引出来；如果德军在西部战线上崩溃的话，那就会导致其撤出意大利，从而使亚历山大的部队得以向的里雅斯特和维也纳进军，在意大利北部打开一个突破口。

8 月 25 日开始的秋季进攻最初很顺利，但第 8 集团军虽避开了山地作战，却不得不费力地去越过意大利东部一条条东西走向的河流。到 10 月底，盟军再一次放弃进攻。这时"哥特防线"已在他们的背后，但他们离波河还有 50 英里之遥，而距意大利北境还有 260 英里，进军奥地利的目标越来越可望而不可即了。盟军联合参谋部决定再从意大利撤出 5 个师调到法国前线去，意大利再也不是盟军作战的主战场了。

八

突破 "大西洋壁垒"

1944 年 6 月 5 日夜晚，海面上狂风呼啸，波浪滔滔，一支将要决定纳粹德国命运的巨型舰队在英格兰南海岸起航出海。第二次世界大战中规模最大、经过周密准备并在时间上进行了审慎选择的登陆作战，由此揭开了序幕。

为实现这次代号为"霸王行动"的登陆，盟国作了周密的部署和准备。早在 1943 年 3 月中旬，英国的摩根海军中将就被调到盟军最高指挥部的参谋部任职，要他筹备进攻欧洲大陆的计划工作。摩根过去曾策划并参加过北非和西西里的登陆作战，具有两栖作战经验。他一上任，立即命令手下的工作人员，对欧陆各处沿海的地形、风向、潮汐、海滩深浅和纵深地带的情况作仔细调查。仅 1944 年 4 月到 6 月，就出动飞机 4500 架次进行侦察。对凡是有可能登陆的海港和海滩，都进行了分析和比较。沿海的防御工事、桥梁、机场、沼泽地区、敌军仓库、公路、火车站等，他们都弄得一清二楚。

为了选择最合适的进攻地点，摩根考虑了许多因素。首先，登陆地点必须离英国空军基地相当近，这样部队才能取得空军掩护，陆续上岸，建立牢固的桥头堡。其次，登陆点附近须有港口设施，因为登陆部队必须源源不断地得到各种物资和后续部队的支援，否则就抵挡不住敌军的反击。从这些标准衡量，加来地区虽然离英国最近，船只往返和运兵船的调动比较迅速，空中支援也可以保持连续不断，但是，德军在那一带防御工事也比别处更加坚固。因此，选来选去，最后选中诺曼底，德军在那里的防守兵力比较弱，附近又有较大的瑟堡海港，而且，那里的树丛会使德军坦克难以运动。

确定登陆开始的时间就更加复杂了，必须具备这样几个自然条件：那天的退潮应该在破晓之后40分钟开始（以便能看清海滩上的障碍物并及时从海上和空中实施火力准备）；那天晚上应该有月亮并在1时至2时之间升起（以便空运部队能辨明目标）。在1944年的6月，仅有5—7日这三天，以上这些条件能够同时具备。在此期间，如果盟军不能对大陆发动一次成功的登陆，那就要推迟整整4个星期。

德军在沿海筑有号称"大西洋壁垒"的坚强防线，因此盟军登陆后如果没有坦克的支援，就无法摧毁德军的防御工事，而一般的坦克在两栖登陆作战中又不适用。为此，盟方就研制了许多新式坦克，其中有能够挥动铁链拍打地面以排除地雷的连枷式坦克，有能够抛射炸药桶摧毁敌人暗堡和掩体的坦克，有能够临时架成旱桥越过峭壁的坦克，不一而足。最主要的是他们设法使33吨重的谢尔曼坦克，依靠自己的发动机，就能在海中浮游并驶上海岸。此外，他们还改进了各种装甲车，比如供清理海滩用的装甲压路机，在布雷区开道的装有扫雷器的装甲车，跨过沟渠的装甲便桥等等。他们还设计和建成5个代号为"醋栗"的防波堤和两个代号为"桑葚"的人工港。"醋栗"实际上是互相紧靠着的沉船，这些沉船像防波堤一样保护它们围起来的近岸海区，使其免受风浪冲击，形成一个平静的水域，这样，小军舰和登陆船只在中浪条件下也能卸载。"桑葚"则是真正的港口，其部件在英国制成，运过海峡装配。这种港口的基础是钢筋混凝土沉箱，也一个靠着一个地沉入海底，在沉箱上面安装着船舶卸载所必需的一切设备。每个"桑葚"有多佛尔港那样大，供卸货后的货船隐蔽之用，可以在占领和修复瑟堡港之前满足盟军的需要。为使同盟军各摩托化集团军有充足的油料供应，1944年夏还敷设了由英国通到法国的海底输油管。

为指导"霸王行动"的顺利实施，盟军建立了指挥机构——联合总参谋部，由美国艾森豪威尔将军担任远征海陆空军总司令，参谋长是美国人比德尔·史密斯将军。曾经在非洲打败过隆美尔、在英国军队中军衔最高的将领——蒙哥马利将军（后升为元帅）任陆军总指挥，负责制定地面作战计划，他的职责一直履行到最高司令将他的司令部迁到法国时为止。另外两位英国人，即海军上将伯特伦·拉姆齐爵士和空军中将特拉福德·利·马洛里爵士，分别指挥海军和空军。

艾森豪威尔的联合总参谋部规模相当庞大，就像一部笨重的机器，每一级的每一个部门都是两国各派代表平起平坐，1944年7月，共有人员4914人。这样一个复杂得异乎寻常的组织，必须有一个不同寻常的人来领导才行，而艾森豪威尔正是这样一个人。

许多人都认为他是美国人的典范。他性格开朗、热情，为人谦虚、正直，对自己的缺点有自知之明。他脾气随和，总是咧着嘴微笑；他的讲话通俗易懂而又富有特点。他从来不愿把自己的看法强加于人，而是努力了解每一个有关人员的意见，然后把各种大相径庭的看法糅合在一起，得出一个折中的解决办法。但是无论从业务上，还是纯粹从个人的角度说，他要胜任这个如此重大的职务仍然是十分困难的。他没有名声，不只在英国军队中，而且连在美国军队中也鲜为人知。他没有实战经验，在战时甚至没有指挥过一个连。最后，艾森豪威尔只有一个小小的、不久前才授予的少将军衔，当他来到伦敦时，归他领导的 366 名将军的军阶都比他高。

艾森豪威尔最终极其出色地完成了他的使命，在非常紧张的时刻保持了盟国军队的团结，有时甚至是保持了盟国政府的团结，他以他的才能赢得了英国人的信任，而许多英国人在他上任之初曾坚决反对他担任此职。

在盟国筹划进攻欧陆的时候，驻守在法国沿海的德军，也在加紧巩固海防，准备迎击登陆部队。精力充沛的隆美尔元帅于 1 月份调来此线，归西线总司令冯·伦斯德元帅指挥。这之前隆美尔已被任命为 B 集团军群司令，下辖第 7 集团军（驻卢瓦尔河和奥恩河一带），第 15 集团军（驻奥恩河至斯凯尔特河一带）和第 88 军（驻荷兰）。隆美尔一到此线就着手加强沿海的大西洋壁垒，准备狠狠回敬一下那些曾在非洲打败过他的对手。他在海底下和地雷密布的海滩上，设下大量钢筋混凝土障碍物；在海岸上，构筑了许多隐蔽得很深的炮台，它们控制着所有可能强行登陆的地点。此外，他还布设了反坦克陷阱、有刺铁丝网、工事坚固的步兵掩体以及厚壁碉堡等等，海岸后面则设下雷区。再后面，平坦的田野上，筑起鳞次栉比的哨所，准备粉碎盟军的空降行动。他还在诺曼底海岸后面沼泽遍布的低地上，特别是在重要港口瑟堡南面的科唐坦底部地区引入大量海水，以增加盟军空降突击时的困难。面对这样坚强的敌人和巩固的工事，盟军有没有取得胜利的把握呢？

几个月来海空战事的进展，已为英美的登陆创造了条件。大西洋之战已取得胜利，海上的德国潜艇已被肃清，加拿大以及更重要的美国船只、人员和装备正通过海路源源运来，供应已不成问题。盟国空军已赢得制空权，1944 年 4～5 月间，盟国空军已经破坏了德方运送反攻部队及军需品的公路线和铁路线。2000 个可供使用的火车头中，有 1500 多个被炸毁。德国为维持在法国境内的德军供应，每天需要从国内开来 100 列火车，但 1944 年 4 月来往的列车已减少到平均 60 列，5 月再减少到 32 列，这就使德国修建大西洋墙及储备弹药和汽油的工作受到了阻碍。塞纳河上的 24 座大桥中有 18 座、卢瓦尔河上的大部分桥梁以及交通枢纽、调车场、机场都遭到有效的轰炸。盟军的轰炸机和发射火箭的战斗机，几乎击毁了德军在加来至格恩济岛这一带海峡沿岸所设置的全部雷达站，使德方无法发出入侵在即的警报。

从军事力量对比来看，在海军和空军方面德军大大处于劣势。盟军有军舰 500 艘，德国海军只能纠集到鱼雷艇 15 艘和几十只摩托艇。在空中，德国空军在西线只剩 500 架飞机了，而盟国却有 2000 架，德国空军实际上已从空中消失。结果，盟军无论在准备登陆或进行登陆的时候，运输船队都未遭到来自海上和空中的严重袭击。地面部队的力量悬殊不那样明显。1944 年 6 月，在整个西线，冯·伦斯德有 59 个师，其中 41 个师摆在卢瓦尔河以北。在海峡，隆美尔有 24 个步兵师和 5 个装甲师，其中 6 个步兵师和 1 个装甲师驻扎在登陆区附近。但是绝大部分士兵不是太老就是太年轻，更加重要的是，他们都分散在整个大西洋沿岸，失去了机动性。

与盟军中简便而和谐的指挥体制截然相反，德军各级指挥机构复杂而混乱不堪，有时还相互扯皮。西线德军总司令冯·伦斯德只能管辖陆军，隆美尔、冯·施韦彭堡（西线装甲部队司令）受其指挥。海军和空军有自己的指挥体系，分别只隶属和听命于自己的总司令邓尼茨和戈林。由于集中在法国的海军和空军不愿服从西线德军总司令，这位总司令便只好求助于最高统帅部，而最高统帅部竟也无法对独断专行的海、空军司令起应有的节制作用。因此，说来奇怪，艾森豪威尔统率下的军队虽然属于一个在战争的规模和目的以及采用的战略上意见都有分歧的联盟，可是他对全部军队都拥有非常实在的指挥权；另一方面，希特勒却故意把指挥权分散了，这种状况对战局有着相当影响。

尽管盟军有许多有利条件和优势，盟国领导人仍认识到要使登陆取得成功，还必须使德军摸不清盟军的意图，猜不到登陆的地点、时间和兵力，以及进攻的目标。为此，英国首相丘吉尔利用他的谍报机构，施展了种种疑兵之计。丘吉尔设立的名为"伦敦控制小组"的机构，制订了代号为"坚韧"的一整套欺骗作战计划，其目的是把德军西线几十个师的陆军兵力，以及德国空、海军吸引到离诺曼底海岸较远的地方去。这个计划的一个组成部分，是要让德军驻在斯堪的纳维亚半岛的 27 个师稳在那里不动。因此，盟方制造假象，似乎将在挪威发动进攻。为了使敌人上当，英国成立了一个欺骗小组，假装在爱丁堡附近驻有总兵力达 25 万以上的英国第 4 军。该小组 1944 年 4 月不断用编造出来的师和军团的假番号，拍发各种假电报，故意让德军谍报机构收听，以制造混乱。与此同时，英国派往挪威的谍报人员也巧妙配合了上述的欺骗行动。希特勒本打算把那里的部队往南调动，但由于上当受骗，就不敢抽调那 27 个师了。

"坚韧"计划的主要之点是使德军相信，盟军在诺曼底登陆并非真正的进攻，而只是声东击西的手段。真正的进攻在加来海岸。英国煞有介事地派人员前往中立国去收购加来海岸的详细地图，另外盟军又假装有一支兵力达 100 万人的美国第 1 集团军群，驻扎在英国东南沿海一带，佯装准备进攻加来，并且任命美国的巴顿将军为该集团军群的"司令"。其实蒙哥马利的第 21 集团军，早已秘密地隐伏在英国南部海岸，等候渡海进入诺曼底了。但是为了掩护，盟方制造各种假象，似乎这支部队只是以巴顿将军为首的集团军群的一部分，不久将开往英国东南沿海。

英国电影制片厂的布景设计师们制造了不少假的登陆艇，把它们从泰晤士河运到东南沿海，又用帆布制造了许多假的建筑物，如假弹药库、假医院、假兵营、假部队食堂、假炮和假飞机等等。还用充气橡胶制造了整整一个装甲旅的假坦克，这一些东西都令人注目地分布在东南沿海一带。此外，英国的建筑师又在多佛尔海岸十分显眼的地方建造了一个巨大的假油船码头，除了码头本身外，还配备了"防波堤"、"贮油罐"、"输油管道"、"发电厂"和"高射炮"等等。

以上种种手段，果然骗过了德方，德国最高统帅部以为盟军在英国东南部已经集结了 92—97 个师的兵力，准备在 7 月份进攻加来。因此，它把德军最精锐的第 15 集团军共 19 个师集中在加来地区，而诺曼底却只有一个装甲师驻防。

当时在英国实际上集结了 38 个师准备参加"霸王"作战，按照

"霸王"计划,这支部队将在登陆后 90 天内占领法国卢瓦尔河以北和塞纳河以西至巴黎的大片地区。这次作战还将得到从法国南部登陆的军队配合(铁砧作战计划),其规模虽小,但后来因缺乏登陆舰艇,不得不推迟到 8 月中旬。

由蒙哥马利制订的计划规定:D 日(盟军在诺曼底登陆之日)应该有 5 个突击师登陆,从西向东分别是:奥马尔·布雷德利中将指挥的美国第 1 集团军的二个前卫师在于塔和奥马哈海滩登陆,英军一个师在金滩登陆,加拿大一个师在朱诺滩登陆,英军另一个师在剑滩登陆,这后三个师是迈尔斯·登普西中将指挥的第 2 集团军的先头部队。这 5 个师得到装甲、防空部队以及几个突击营和别动队的加强。6 月 6 日破晓,天色阴晦,狂风呼啸,美国中型轰炸机和战斗轰炸机连续猛烈轰炸敌军阵地。与此同时,盟军空降部队也已在诺曼底着陆,从午夜到凌晨 3 时,英军一个空降师和美军二个空降师在"大西洋铁壁"之后陆续降陆。英军第 6 空降师降落在盟军登陆战线东翼卡昂城东面一带,在几小时之内就攻占了预定目标即奥恩河和卡昂运河上的一些桥梁。美军第 82、101 空降师则降落在登陆战线的西端科唐坦半岛上。由于风力很大,流云疾飞,美军大规模空降进行得不太顺利,伞兵降落在 15×25 英里的广阔地区内,十分分散,他们要集结起来对付科唐坦半岛上数量很少的德军部队就很困难,因而没有完成切断这个半岛与南部联系的主要任务。后来,他们花了两天时间才与从海滩登陆的部队取得联系。

拂晓后,盟军登陆舰艇在极端猛烈的火力掩护下接近了海岸。狂暴的西北风使潮面比预想的还要高,波浪开始淹没岸边的障碍物,汹涌的大海把小登陆舰艇像树叶似的抛来抛去。其中不少船触礁或

诺曼底登陆

倾覆。水陆两用坦克只在两个上陆地点可以下水，而步兵本应在它们的支援下上陆的。在暴风条件下，设置在岸边的障碍物不可能被完全清除，所以造成了相当大的损失。备受晕船折磨的美国、加拿大和英国步兵上岸很困难，但是，十分猛烈的火力准备很有效果。于是，完全按战时编制补充并集中在 5 个上陆地点的 8 个团，便对兵力比他们少三分之一、沿诺曼底整个沿岸地区撒开的几个德军师发动了进攻。而德军这几个师中，只有一部分能在直接遭到冲击的地点进入战斗。

德军虽然早已知道入侵行动迫在眉睫，但在迎击入侵的方法上，隆美尔和伦斯德的意见有分歧。伦斯德打算等盟军登陆后再发动强大的反攻加以歼灭，而隆美尔则认为，盟军掌握制空权，并且他们有力量推迟德国后备部队为这一反攻而进行的集中。他觉得最好的办法莫过于在入侵部队上岸之前，就在海岸上把他们击溃。

真正的作战计划，采用了这些不同意见的折中办法，而结果却是两头落空。更糟糕的是希特勒一定要从遥远的贝希特斯加登控制战事。所以当盟军准备登陆之时，德方却忙于辩论，让宝贵的时间白白浪费了。凌晨 2 时 45 分，伦斯德在司令部接到有关盟军从海路登陆的第一个信息，但他不认为这是一次大规模行动。直到盟军舰队驶到离海岸 12 英里时，德军才发现他们的行踪并确信这是一次重大作战行动。但不经希特勒司令部批准，伦斯德不得擅自动用战略预备队。6 月 6 日凌晨几小时，德军统帅部慌作一团，伦斯德的参谋长请求准许他们出动就近的党卫队第 1 装甲军去加强隆美尔的进攻力量，约德尔以元首的名义拒绝了，他猜想诺曼底登陆可能仅仅是一种佯攻，并断定塞纳河以北还会有另一次登陆。论战持续到下午 4

时，这一军才调派出来。

在盟军登陆的第一天，德军方面还发生了两件惊人的事故：其一是，希特勒直到上午很晚的时候才得到同盟军登陆的消息；其二是，隆美尔不在场，如果不是这样的话，战斗本来会更迅速和激烈。

希特勒有个熬夜的习惯，这可把他的下属累坏了。他们睡得很少，因此，他们在早晨处理工作时，经常在半醒半睡的状态中。约德尔正因为不愿打扰希特勒上午的睡眠，才自作主张，拒绝了伦斯德要调用后备部队的要求。

要是隆美尔没有离开诺曼底，后备部队有可能早些时候调来，因为他和伦斯德不一样，可以直接和希特勒通电话，并且比起其他将领来，他对希特勒的影响要更大一些。但隆美尔却在上一天离开他的司令部回德国了。那时，正值海上狂风怒号，波涛汹涌，看来盟军暂时不会登陆。6 月 6 日是他妻子露茜的生日，他打算在庆祝妻子生日之后，去谒见希特勒，向他说明需要多调一些装甲师到诺曼底来。6 日一早，在准备前往晋见希特勒以前，他接到了电话，说盟军已开始登陆。他在傍晚时分才赶回司令部，那时盟军已在岸上站稳了脚跟。而隆美尔曾宣称说，"头 24 小时是胜败的关头"。

6 日，美军在自己的登陆场地，一整天也未能冲出其狭窄的范围。在维耶尔维尔地域进攻的两个团打得特别艰苦，因为它们在这里碰上了德军第 352 师，该师恰恰是为了实施机动才集中到这一地域的，因此完全做好了抗击敌人的准备。进攻的美军遭受了惨重损失，有时甚至觉得已无法坚持了。

英军二个师和加拿大一个师的登陆行动要顺利得多。但他们也没有完成当天的任务，也就是既没有进抵巴约及巴约和卡昂之间的山间道路，也没有进抵卡昂和奥恩河口。尽管德军第 716 师的防御很快就瓦解，变成了几个分散和互无联系的抵抗据点，但它仍旧对英国人进行了最顽强的抵抗。

艾森豪威尔和蒙哥马利应该对当天的战果表示满意，因为其主要目标已经达到，登陆已经成功。美军二个登陆场虽然还不够大，而且互相隔绝，但正在固守之中。英国人和加拿大人协同夺取了一个纵深 10 公里、正面 30 公里的登陆场。诚然，在这个登陆场仍残留着几个抵抗基点，特别是在杜夫尔地域，还有一个较大的抵抗点。但盟军已从海上调遣 5 个师、从空中调遣 3 个师到大陆，在陆上地域无疑拥有数量上的优势。现在航空兵的任务是不惜手段阻止德军预备队接近。

6 月 7 日，在美方战线上，零零落落的空降部队已集结成若干富有战斗力的小部队。他们不仅牵制住集中在半岛内陆处的德军部队，使其无法向岌岌可危的奥马哈滩头阵地发动进攻，而且还取得一项重要成果，即攻占了科唐坦战线上最重要的交通枢纽圣梅勒厄利瑟。奥马哈滩的另一侧翼与英军的金滩相隔，而现在应该把两个滩头阵地连成一片。6 月 7 日整整一天，英国海军陆战队在战舰大炮和旋风式战斗机的支援下，不断对英美滩头阵地之间的贝辛小渔港发动进攻，德军终于投降了，英军滩头与美军滩头于是连成一片。同日傍晚，英加两军之间最后一个顽抗的敌军据点被肃清，两块滩头阵地也连成一片。现在只剩下美军两块阵地奥马哈滩和于塔滩之间，还隔着一条长 10 英里、由敌军重兵把守的海岸。

这时，甚至在以后的几周时间里，德军最高统帅部仍被盟军的疑兵之计蒙在鼓里，他们还继续认为，诺曼底登陆只是一场牵制性行动，而那位巴顿将军这时正在英国东南部厉兵秣马，伺机对加来地区发动大规模的登陆作战。因此他们多次拒绝了隆美尔的请求，不肯抽调第 15 集团军的战斗部队去东部盟军登陆场支援。当时，第 15 集团军所属的各师人马配有重型装备且久经沙场，他们被留在塞纳河以北一带。

在盟军实施登陆的头三天，德军只有党卫军第 1 装甲军、党卫军第 12 装甲师以及利尔装甲师和来自塞纳河左岸的 346 步兵师赶到了战场。盟军登陆部队的兵力迅速增加，6 月 11 日，美军进入卡朗坦，打通了奥马哈和于塔之间的主要通道。盟军的登陆场全部连成一片，它们纵深足以保护登陆海滩不受德军炮火的袭击，并可为战斗机修建简易跑道。

接着，美军大举出动，展开楔形攻势，长驱直入 20 英里，兵临科蒙城前。几乎就在同一时刻，美军发起另一次富有戏剧性的突进，一举越过科唐坦半岛，6 月 18 日，到达西海岸的巴恩维尔，由于半岛的上半部被截断，瑟堡就受到直接威胁。

英军于 6 月 7 日冲进了巴约，6 月 12 日进抵科蒙以北地域，但与取得赫赫战果的美军相比，英军战线的进展就显得微不足道了。仅有那支自着陆以来几乎一刻也没有停止过战斗的空降部队——第 6 空降师，取得了一项显著战果。该师发动了一场大胆的进攻，攻占了关键性的布勒维尔村，从此，朝不保夕的东翼便转危为安了。

德军初期反击被粉碎，显然无法阻挡盟军在滩头阵地继续集结。这使伦斯德和隆美尔很快就明白，要防守远在西海岸的任何防线都毫无希望。绝望之余，他们恳求希特勒来法国会晤。6 月 17 日，在苏瓦松一座混凝土掩体内，希特勒接见了他们。他严厉地斥责各级指挥官采取的措施，并严格命令要不惜一切代价坚守瑟堡"要塞"。在伦斯德作了简要介绍后，隆美尔对形势作了直言不讳的分析，他预言瑟堡的失守就在眼前，请求希特勒同意实施更灵活的作战方案，并从其他沿海地区调预备队前来支援。希特勒没有直接回答，却高谈前一天开始对英国发射的 V–1 火箭所产生的影响。后来，隆美尔又毫不掩饰地描述了政治形势，敦促希特勒结束战争。希特勒立即结束了这次会见，并对他说："你只要注意你自己的前线，不必为战争操心。"

盟军的力量与日俱增，到 6 月 19 日，盟军已有 20 个师 50 万人左右的兵力集结在诺曼底。由于盟军的无情空袭，再加上交通线在前些日子已遭破坏，隆美尔不可能得到编制完整并能立即投入战斗的增援部队。这些增援部队不得不化整为零，而且往往还得在夜间靠步行或骑自行车赶往前线。他们的许多重型装备都在途中被炸毁。在沙漠战斗中，隆美尔擅长使用密集装甲兵予敌人以毁灭性打击，而今，却不得不把他手下的坦克一小股一小股地拿来堵住德军防线上的缺口。

6 月 19 日，突然来了一场近半个世纪以来未曾有过的大风暴，历时三天三夜。800 艘船只被狂风抛上了岸滩；数十艘葬身海底；奥马哈滩人造港的巨大混凝土沉箱受到破坏，无法修复，只有在阿罗芒希由于有一排岩石的保护，港口仍可继续使用。风暴使卸载工作连续中断了四天，援军的到达被推迟了，而密云又妨碍着盟国空军发挥空中优势。蒙哥马利不得不将一场行将开始的进攻往后推迟，这显然给德军一个出动装甲部队发动反攻的良机。然而隆美尔却无所作为，眼下德军只有招架之功，而无还手之力了。德军兵力只勉强够得上扼守防线，隆美尔再也得不到任何援军，所以他又一次建议集中他的兵力来守住瑟堡。希特勒命令他不得后撤，使他在科唐坦一筹莫展，只得建立起一条30英里长的没有纵深的防线，而这条防线很快就被突破。6月20日，美军进抵瑟堡近郊，然后又到达瑟堡以东的海上，一个个地摧毁和占领了山岭上的工事。7月1日，战斗结束，39000名德军被俘。尽管德军彻底破坏了瑟堡港，使它有好几个星期陷于瘫痪，可是该港夺下之后，盟军就解决了有关补给品长期供应这样一个令人操心的大问题。

英军于6月26日首次发起夺取卡昂的大规模攻势，吸引了敌方正在源源开抵战场的大部分装甲力量，这样就有利于美军在右翼取得突破。这次攻势持续几个昼夜，双方作战相当激烈，惨绝人寰的屠杀场面比比皆是，小小的奥东河竟被尸体堵塞。希特勒为诺曼底战局感到严重不安，隆美尔建议把第7集团军撤到塞纳河后面，把驻在法国南部的几个集团军调来救援，以建立和守住从"塞纳河到瑞士边境"的新的防线。但希特勒根本就不听这一套。7月1日，他撤换了伦斯德，下令由俄国战线调来的克卢格元帅接替他。同时，又用埃伯巴赫将军取代西线装甲兵司令冯·施韦彭堡，西线装甲兵集群也改称装甲第5集团军。在此之前几天，即6月29日，第7集团军司令多尔曼上将在指挥所死于心脏病，党卫军上将豪瑟接替了他的职务。

克卢格元帅是一个身强力壮而富有进取心的军人，两年来他卓有成效地指挥了东线的中央集团军群，积累了丰富的防御作战经验。起初，他非常高兴，满以为西线的战事很容易对付，可是他的幻想不久便破灭了。

盟军在卡昂突破德军防线

到 7 月初为止，盟国已调遣了百万大军和大量装备到欧洲大陆。美军第 1 集团军现在有 13 个师，编成 4 个军。英国、加拿大集团军也不弱，它管辖 12 个师，编成 5 个军。美军占领瑟堡后，开始向南进攻，经过三个星期的鏖战苦斗，以伤亡 11000 人的代价，于 7 月 18 日推进到已化为一片废墟的圣洛。夺取这个小镇后，美军第 1 军的任务算是完成了，随后，美国人开始认真准备突破。

在美军杀向圣洛的同时，加拿大和英军也在卡昂奋力拼杀。蒙哥马利吸取过去失利的教训，坚持要使用战略空军的庞大兵力。7 月 7 日晚，460 架重型轰炸机投掷了 2500 吨炸弹，把卡昂炸得稀烂。次日清晨，3 个师对卡昂发动向心攻击，7 月 10 日，占领卡昂。但德军继续在奥恩河南岸的群山中掘壕固守，阻挡着美军通往法莱斯及其周围广阔平原的进路。

在随后一个星期中英军不断施加压力，竭力使德军经常处于紧张状态，不让他们从个别地段撤回兵力。同时，蒙哥马利决定在卡昂东南面发动一场代号为"赛马场"的攻势，以诱使德军使用尽可能多的装甲力量来对付英军，这样，就可以让巴顿率领的闪击部队能从圣洛突破，直插布列塔尼半岛和卢瓦尔河。

"赛马场"攻势是整个战役中最大的一次坦克进攻战，由登普西指挥的英国第 2 集团军的 3 个装甲师集中发动。这些部队先是悄悄地集结在奥恩河的小桥头堡上，到 7 月 18 日清晨，在2000架重型和中型轰炸机 2 小时的大规模地毯式轰炸后，他们从桥头堡上冲了出来。这一地区的德军已被炸得晕头转向，大部分战俘被爆炸声震聋了耳朵，以致要经过 24 小时才能对他们进行审讯。

但德军的那些工事，要比英国情报部门所估计的坚固得多。隆美尔早就料到会有这样一次打击，所以一直在赶紧加强防御工事和增派援军。他在纵深 10 英里的坚固防御区内，精心配置了大量坦克和各种火炮，此外，还层层布下数以百计的 88 毫米火炮和六管火箭发射器。早在数月之前，他就打算万一不能把敌人赶下海，就在这一带摆开战场与之周旋，并最终将其歼灭。然而，命运却注定隆美尔不能亲自指挥这场战斗了：7 月 17 日，隆美尔视察前线后驱车返回总部，遇到盟军空军的袭击，汽车被炸毁，他身负重伤，被送入医院，从此再也没有重返战场。

"赛马场"战役开始时展现出很有希望的前景，但在穿越前沿几道防线以后，这种前景就逐渐消失了。按蒙哥马利的设想，这场大规模攻势应一举踏平德军的防御工事，可是结果，英军在扔下 1000 吨炸弹、损失 400 多辆坦克、牺牲了大量步兵之后，战线才推进了 7 英里。这时，雨季来到了，泥泞的道路给坦克作战造成困难。7 月 20 日，蒙哥马利命令他的装甲师退出战斗。

尽管德军顶住了"赛马场"攻势，但这一攻势却使他们大为惊恐，并使希特勒及其最高统帅部终于相信，诺曼底登陆确实是盟军的主要登陆行动。希特勒终于将第 15 集团军的一些师调到诺曼底，但这一决定已为时太晚。这些师的调动太慢，对战事的发展不能产生明显影响，而只能使不可避免的灾祸规模更大。

7 月 20 日，前线战斗正吃紧，希特勒的大本营却发生谋杀希特勒的事件。行刺者的炸弹虽然没有击毙希特勒，但它那"震惊的浪潮"在西方战场上引起轩然大波。盖世太保在调查这一阴谋时，发现缴获的文件中有克卢格的名字，因此他遭到重大怀疑。他担心随时可能被捕，所以在那些关系重大的日子里，克卢格陆军元帅对待战争却心不在焉。他老是忧心忡忡地朝后看——注视着希特勒司令部的动向。为谋杀希特勒的阴谋而提心吊胆的将领还不止他一人，在此后几个星期和几个月里，各高级司令部都充满恐怖，因而实际上瘫痪了。隆美尔受到牵连，于1944年10月自杀。

盟军原订7月20日发动代号为"眼镜蛇"的进攻，但不利的天气使航空兵不能起飞，进攻只好推迟5天。这是盟军从登陆场向内陆推进的最后一次也是决定性的进攻，巴顿的闪电进攻是这次攻势的高潮。

7月25日，盟军对圣洛西面一块长5英里、宽1英里的长方形敌军阵地实施大规模炮击。当2400架飞机开始把4000吨杀伤炸弹、高爆炸弹和凝固汽油弹往下投掷时，手持卡宾枪和机枪的5000名士兵正在待命出动。突然，哨声响起了，然而不是连长命令他们进攻的哨声，而是落在他们自己阵地上的炸弹发出的可怕的震耳欲聋的爆炸声。接着，500磅炸弹又雨点似的落到第120步兵团的主力营中，考特尼·霍奇斯将军迅速跳进路边的一条沟里掩蔽起来。几秒钟后他站起来时，刚才和他同行的几个将军已踪影全无。事后才知道，陆军中将麦克奈尔被炸死了。

11时30分，这场大轰炸总算全部结束了。美军犹豫不决地开进了硝烟弥漫的"眼镜蛇"战区，看到德军装甲教导师困兽犹斗的一些残迹：炸弹把重坦克掀到一边，装备被炸得粉碎，狭长的掩蔽壕被夷为平地，发了疯的德国士兵在战场上四处乱窜，叽里呱啦地不知说些什么。据估计，阵地上德军部队有百分之七十丧失了战斗力，不是被炸伤、炸死，就是吓得神志不清，呆若木鸡。但在装甲教导师的右边，还有德军第5伞兵师。大部分炸弹都未击中他们，少数顽抗的"豹式"坦克仍在阻击美军进攻。

起初,布雷德利的部队缓慢而扎实地推进,后来攻势越来越猛。美军的坦克可以铲除树篱,因此获得了德军所不具备的乡村作战机动能力。7月28日,美军占领库唐斯,切断了德第7集团军部分部队与外界的联系。7月30日,美军进入阿弗朗什,盟军终于成功地取得了突破。

现在艾森豪威尔认为应该使用第3集团军了,该集团军8月1日正式建立,由精力充沛的坦克专家巴顿将军指挥。早在7月6日,巴顿就渡过海峡,进入盟军设在科唐坦半岛上伪装得很巧妙的临时营地里。巴顿的名字就像一颗威力巨大的炸弹,艾森豪威尔希望纳粹部队仍等着这颗炸弹在加来爆炸。当时他决定,将巴顿已经到达法国一事再保密一段时间。

现在,巴顿的任务是横扫布列塔尼,攻占半岛上各主要港口,自从在西西里打士兵耳光事件发生以来,巴顿自信而又惴惴不安的长期等待终于结束了。

8月1日,诺曼底的盟军指挥机构进行调整,此前指挥第1集团军的布雷德利被提升,负责指挥美国第12集团军群,此集团军群由巴顿的第3集团军和霍奇斯的第1集团军组成。蒙哥马利统率第21集团军群,仅包括英国第2集团军和加拿大第1集团军。但是,最高统帅艾森豪威尔作了这样的安排:在艾森豪威尔将其司令部迁入欧洲大陆并把直接控制部队的大权接过来以前(9月1日),蒙哥马利继续指挥战役,并负责两个集团军群间的"战术协调"。这种不很明确又微妙的安排,出于艾森豪威尔本人的妥协精神,也出于对蒙哥马利情绪的照顾和对后者丰富战斗经验的器重。但正像经常出现的那样，善意的妥协往往会造成摩擦。

蒙哥马利命令英国第 2 集团军攻打卡昂—圣洛一线，加军从卡昂南面向法莱斯方向发动进攻，继续牵制德军的大部分装甲力量和炮兵部队，以掩护美军在右翼的攻势，从而使布雷德利的第 12 集团军群能迅速从南面包围德军。

希特勒觉察到这种意图，8 月 2 日，他命令克卢格从英加战线上抽调 4 个装甲师到维尔河，去切断美国第 3 集团军的装甲部队。但为时已晚，巴顿率领的第 3 集团军几乎不费吹灰之力，就打开了局面，在三天内他们像活塞似的通过了阿弗朗什瓶颈状的狭窄通道，而后变成扇形涌入布列塔尼半岛，8 月 4 日，一个师占领雷恩，并在同一天抵达比斯开湾的瓦恩，这样就切断了布列塔尼半岛。与此同时，另一个坦克师的先遣部队于 8 月 6 日进抵布勒斯特。不过，德军在这里的防御十分坚固，到 9 月 19 日盟军才拿下此港口。布列塔尼的抵抗运动显得特别可贵，他们不断骚扰退却中的德军，不让德军破坏那些可为美军利用的设施。

与美军的这些成功行动相比，英军的行动相当迟缓。他们在科蒙地域转入进攻后，碰到了德军的顽强防御，长时间受阻，最后，通过激烈而互有胜负的战斗，才为自己打开了一条通往南方的道路，8 月 4 日进至瓦西地域，但未能攻占蒙庞松山。英军缓慢的进展在英格兰造成一种失望气氛，新闻公报很少提到蒙哥马利、英军和加军的情况。蒙哥马利觉得美国部队虽已实现伟大的突破，但他们的成功中也包含着他自己的战略和决心，而这些功劳却被忽视了。他的急躁情绪不断增长，常常对在他手下工作的美国人发泄怨愤。

8 月 7 日凌晨，德军从勒芒开始发动反攻，可是立即遭到美军的顽强抵抗。希特勒的意图是：出动装甲部队进占阿弗朗什，切断巴顿的补给线，然后回师北上，击溃并消灭科唐坦半岛上的美军部队。但了解诺曼底灾难性局面的德军指挥官全都反对这项计划，他们都认为，诺曼底之战已告失败，现在要做的事是着手组织撤退，保证其迅速而有条不紊，然后据守塞纳河，阻挡各路英美部队的全面进攻。

8月6日晚，盟军的"超级机密"截听到无线电信号，获悉了希特勒打算发起反攻的详细计划。巴顿认为这只是德军在虚张声势，其真实意图乃是要掩护撤退行动。不过，他还是命令第80师和法国第2装甲师及第35师停在圣厄赫利厄尔附近，以防万一。

8月7日中午，德军按计划向阿弗朗什发动进攻，想要切断并粉碎那支一往无前的部队。但是，离出发点还不到几英里，这场攻势就被遏制住了。此后，巴顿的部队又经过好几个昼夜的苦战，才得以继续向前推进。

现在，布雷德利和蒙哥马利决定发起全面总攻，紧逼包围德军主力的时刻已经到来。美国第1集团军攻占了奥恩河，从西北面和西面紧逼过来；英国第2集团军经过激战攻占了蒙庞松山和孔戴，从孔戴发动进攻；加军伸出北部钳臂，沿着从卡昂到法莱斯的公路向南推进；巴顿的第3集团军的装甲部队和步兵部队则从南路大举北上，德国的反攻部队（第7集团军和装甲第5集团军）被压缩在法莱斯和莫尔坦之间一块狭窄的袋形地带内。

直到这时，希特勒仍不肯接受克卢格的请求，不准这两个集团军退却，让其摆脱即将封闭的合围。克卢格敢作敢为，自己下达了退却命令。但在这一命令执行之前，他就被莫德尔元帅取代了，借

巴顿将军

口是他在经过几个星期的紧张工作之后需要休息。在回家途中，人们发现他死在汽车里，据他的参谋长说他吞下了一颗毒药，"他相信他一到家，就会被逮捕"。

巴顿的第 3 集团军所属各支队以神奇的速度向一切可以推进的地方前进。他的部队似乎已失去指挥，无法协同作战，可是却取得了惊人的成果。一些完整的德军部队，由于害怕在树林里被法国抵抗运动的游击战士杀死，纷纷向一些单独作战的美军坦克中队缴械投降。

8 月 13 日，巴顿集团军所属的第 15 军占领阿尔让唐及其主要公路。被包围的德军部队节节败退，对他们的包围圈也越收越紧。不过，这时美加两军间的空隙地带仍有 18 英里宽，德军由此夺路逃跑。巴顿命令他的部队急速去完成全线包围，然而，布雷德利却要他在原定分界线上停止前进。布雷德利担心美军和英加军之间发生摩擦；除了安全的考虑之外他还出于正常的礼貌，相信蒙哥马利会对美军提出继续前进的正式请求。不幸的是，蒙哥马利并没有发出这种邀请。巴顿对不许他率部封闭空隙地带怒不可遏，他在电话中大声嚷道："让我们继续前进到法莱斯，再来一次敦刻尔克，我们要把英国人赶下海去！"

巴顿的一部分部队继续留守阿尔让唐，其余部队则按蒙哥马利的原来计划，继续展开闪电攻势，即向塞纳河挥戈东进，在德军赶到该河之前将其截住。美军的装甲纵队在开阔的田野上纵横驰骋，如入无人之境，迅速逼向奥尔良、夏特勒和德勒三城。

8 月 15 日，正当美国第 3 集团军横穿法国腹地向塞纳河挺进的时候，艾森豪威尔不顾丘吉尔的反对，决定实施早已计划好的"铁砧作战计划"，即在法国南部登陆。为实施这个计划，派出了美国第7集团军，它下辖6个美军师和4个法国师（其中大部分从意大利战场抽调而来），共50万人，由450艘货船、230艘军舰运送，1500架飞机掩护，分头从意大利的布林迪西、塔兰托、那不勒斯和奥兰出发。这支大军虽然费了5天时间才集中起来，但在这个过程中居然一直未被发觉。防守法国南部300多英里海岸线的是德军第19集团军，它的装甲部队已被抽走，仅剩下7个步兵师共25万人，其中4个还是守备师，约有200架飞机，根本得不到海军支援，而且还要花很大力气去对付后方的法国秘密抵抗组织。

登陆前夕（14日夜间），盟国空军和海军进行了大规模轰炸和炮击，并向沿海地区的后方空投了2000名伞兵，9条航空母舰上的海军飞机为登陆部队提供直接的空中支援。15日8时，盟军在5个地点顺利登陆，几乎没遇到任何抵抗。美军部队迅速向内陆推进，一直到迪朗斯河和罗纳河河谷，使德第19集团军无法组织一条巩固的防线。希特勒起初命令德军尽可能坚守下去，现在不得不接受不可避免的结局：8月19日，他下令全面撤退。27日法国第1集团军攻克土伦，28日攻克马赛，35000名德军被俘，"铁砧"计划大获全胜。

当盟军在法国南部发动这场新的登陆攻势时，法莱斯周围的德军正在作最后的困兽之斗，拼命抵抗盟军的进攻。8月15日，加军向法莱斯发动代号为"温顺"的猛烈攻势，于16日占领了法莱斯。自由法国部队也从厄库舍向前逼近，空隙地带仅剩7英里。8月17日，德军后卫部队仍在顽强抵抗，掩护其余部队向东后撤。8月18日，天空放晴，盟国空军投入战斗。盟军作战飞机和大炮发挥了强大威力，网口终于收拢了，俘敌 5 万人。大量向东逃窜的德军，在密集的枪炮和飞机的狂轰滥炸中丧生。

诺曼底战役给德军以沉重打击，德国损失兵力 40 万，其中 20 万被俘，重型装备几乎丧失殆尽。溃散的部队在一片混乱中开始逃跑，直到几百里外的德国边境和比利时，才勉强收住了阵脚。

盟军突破了"大西洋壁垒"，回到他们暌违已久的土地——法国，第二次世界大战爆发后，正是法国的沦陷使盟国遭受最重大的损失。盟军所向披靡，顺利地开辟了"第二战场"——苏军渴望已久的西线战场。这以后，纳粹德国又要像第一次世界大战中的德意志帝国一样，同时面临东西两条战线的沉重压力了，而且到这时，它面临着盟国在东西两条战线的全面大反攻。诺曼底战役是反法西斯战争中的巨大胜利。从此后，第三帝国的末日指日可待了。

九

踏上解放欧洲之路

　　美国直接参加欧洲战事以后，盟国和德意法西斯之间的军事力量对比已经发生了根本的变化。诺曼底登陆后，这一力量对比充分表现出来。仅登陆后的头 7 个星期中，盟军就有 36 个师 150 万人、33 万部车辆和 160 万吨物资送上了岸。在同一时间里，德国只派了 20 个师到诺曼底，其中大部分不满员，士气不振。现在，当盟军要打响解放法国全境的战斗时，他们拥有大量精兵强将且后备充足，其将士斗志旺盛且协调有方。进入 8 月，盟军的地面部队扩充为 4 个集团军。右翼是巴顿将军指挥的美国第 3 集团军，紧靠它的是霍奇斯将军指挥的美国第 1 集团军，这两个集团军组成美国第 12 集团军群，由布雷德利将军统率。左翼是蒙哥马利将军统率的英国第 21 集团军群，包括登普西将军指挥的英国第 2 集团军和亨利·克里勒将军指挥的加拿大第 1 集团军。每一集团军和集团军群都有自己相应的空军力量，其正常任务是进行空袭，配合地面部队的作战行动，在紧急情况下，它们又可以作为一个作战整体去袭击盟军最高统帅部指定的目标。因此，盟军机动性高，作战能力强。

事实上，在大战的最后一年，盟军牢牢地控制着制空权，德国空军已经在空中消失了。盟军的装甲部队同空军的配合自始至终相当默契，一旦遭遇敌人的顽强抵抗，大量空军立即应召前来救援。相反，德国空军这时已经不能进行战略轰炸，也不能保护和配合地面部队的进攻和防御。他们的车队只要在白天出动，很快就会暴露在盟国空军的强大火力下，无遮无拦；夜间行动又苦于夜晚太短，且缺乏燃料。这足以说明，当盟军远征欧陆时，德军已面临捉襟见肘、无以应付的窘境。

8月19日，盟军收拢对诺曼底逃敌的包围圈，俘敌5万人之后，沿法国西部海岸线伸展开来。开始向法国内地全线出击。加拿大第1集团军沿海岸向法国北部进发，英国第2集团军向利西约和鲁昂以南地区推进，美国第1集团军指向塞纳河下游，第3集团军指向塞纳河上游。巴黎的南北两端各有1个集团军，解放巴黎指日可待。

巴黎的解放具有远大的政治意义，它标志着第三帝国的末日，标志着纳粹德国曾征服的那个国家——法国——重新获得自由解放。它是盟国继罗马之后，将夺取的第二座世界性大都市；它的解放，将给全欧洲还在浴血奋战的反法西斯各国人民以不可估量的巨大鼓舞。

但巴黎是一座历史名城，如何解放它，才能保住它无可比拟的文化遗产呢？当时，德国的冯·肖尔蒂茨将军统率着一支人数不多的巴黎守军，其中大部分是老弱病残的文职人员。奉希特勒之命，肖尔蒂茨应该炸毁巴黎的所有桥梁和其他重要设施，"即使艺术纪念物也在所不惜"。有些桥上已经安放了炸药。但是，肖尔蒂茨将军非常不安，他不想在世界舆论面前承担破坏巴黎的罪责。他的兵力对地下抵抗运动大约还可以抵挡一阵，但根本不可能把盟军挡在城外。他不可能得到援军，况且，有人还就保护巴黎找他私下接过头，因而他愿意接受任何"体面的解决"。至于盟军，从一开始就避免在巴黎作战，他们打算切断巴黎和外面的联系，包围起来，迫使守军投降。根据这一方针，盟军没有轰炸巴黎。在摧毁法国的交通线时，也只袭击了巴黎外围的铁路枢纽，并没有轰炸市内的车站设施。

这样，在解放巴黎的战斗中，戴高乐将军领导的法国地下抵抗运动就发挥了积极作用。早在7月14日，巴黎有些地方就有人打着三色旗游行。进入8月上、中旬，铁路、地铁、邮政等部门的工人先后罢工，接着发生了一些小规模战斗。抵抗战士占领区公所，接管警察总局，继而按照巴黎的革命传统，占领市政厅，接管广播电台和政府各部。他们到处都筑起了街垒，德军被限制在少数几个据点里，只能派出几辆坦克去进攻警察总局；有些地方发生了短时间的巷战。为了预防不测，抵抗运动派使者请求盟军入城。当时，巴顿已渡过塞纳河，抵达枫丹白露。

8月25日，巴顿麾下勒克莱尔率领的法国第2装甲师开进巴黎，接受德国守军的投降。他向戴高乐报告说："我得到了这样的印象……1940年的局面还在倒过来重演着——敌方情况十分纷乱，各部队无不惊慌失措。"巴黎城沉浸在胜利的狂欢中，人们自发上街游行，向德国战俘啐唾沫，把通敌的奸细拖着游街，而解放部队则备受款待。戴高乐将军出现在兴高采烈的群众面前。翌日下午，戴高乐举行了正式的入城式，他徒步从爱丽舍田园大街走到协和广场；之后，又在一长列汽车的随从下，来到巴黎圣母院。这是法国解放的尊严和象征。

戴高乐在巴黎街头

在挺进巴黎的同时，"铁砧"行动也大获全胜。从此，盟军在各战线上齐头并进。加拿大第 1 集团军沿着海岸前进，切断了布洛涅、加来和敦刻尔克这几个港口与外界的通路，使德国守军成为瓮中之鳖。英国第 2 集团军向里尔、布鲁塞尔和安特卫普进军，9 月 4 日，攻占安特卫普港。美国第 1 集团军则渡过马斯河，进占列日，解放比利时。帕奇将军的美国第 7 集团军和法国第 1 集团军同时向贝桑松—贝尔福—科尔马和第戎—埃皮纳尔挺进，以便同美国第 3 集团军会师，合拢包围从西南涌来的德军。9 月 12 日，"霸王"行动与"铁砧"行动在蒙巴尔会合，使盟军的战线从瑞士向北一直延伸到北海。

自从踏上法兰西土地，巴顿将军的第 3 集团军就一路穷追猛打，所向披靡，战绩特别辉煌。巴顿精通装甲战术，把坦克作为突破敌人防御的有效武器。他始终强调强有力的迅速推进，希望第 3 集团军像一把尖刀尽早直插德国的心脏。为此，他甚至一再和艾森豪威尔、蒙哥马利等人发生冲突，并为不得不迁就最高统帅部的战略感到遗憾和不满。8 月 31 日，巴顿的先锋部队就在凡尔登渡过马斯河。9 月 5 日，又向东推进 35 英里，到了靠近梅斯的摩泽尔河，这里离德国边界的萨尔工业区只有 30 英里，离莱茵河也不到 100 英里了。次日他越过摩泽尔河，15 日占领南锡。但上级的计划影响了他的速度，由于缺乏汽油和其他基本补给品，加之秋雨泥泞，第 3 集团军只好停顿下来。

这时，盟军的军事优势更加明显了。根据缴获的德军文件，在西线的德军，仅有 100 辆可用于作战的坦克，而盟军先锋部队就拥有 2000 多辆；德国只有 570 架作战飞机，英、美两国用于西线作战的飞机总数则超过了 14000 架。这就是说，盟军拥有坦克方面 20∶1、飞机方面 25∶1 的绝对优势。就作战部队而言，冯·龙德斯泰特元帅手下只有 25 个师，要防守的战线却长达 375 英里，而且这些师多不满员，战斗力较弱。他还无法组成一支足够强大的后备力量来阻止盟军的新突破。相比之下，盟军则更强大了。在阿登以北，蒙哥马利指挥着英国和加拿大集团军群；其南边是布雷德利指挥的美国集团军群，包括美军第 1、3 和新近组成的第 9 集团军；再南面是德弗斯将军指挥的法美集团军群。全部兵力共达 54 个师。

但入秋以后，整个西线盟军的攻势却暂时停顿下来，进展速度甚小。艾森豪威尔领导的盟军远征军最高统帅部选择由西向东全线推进，消灭敌人有生力量的战略，但原先制订的计划过于稳妥，他们没有想到法国战役会那么神速，结果，随着交通线的拉长，汽油等军需品的补给不大跟得上来。后勤部门尽了最大的努力，供应仍然频频告急。艾森豪威尔说："在整个战线上，到处都可听到要求更多弹药和汽油的呼声。"他相信，要是供应有保证，"我们的每一支先锋部队本来都能比实际取得的进展前进得更远、更快。"所以，攻势的减缓使补给能跟得上，为下一个大规模进攻作准备。

供应问题也影响到这一时期盟军作战重心的选择。为了供应给养，盟军急需使用北部的安特卫普港，需要建立一条掩护这一港口的战线。为了尽快使用安特卫普港，艾森豪威尔决定，运用空降部队在莱茵河对岸的阿纳姆地区夺取一个桥头堡，继而在莱茵河下游建立一条向东方扩展所需要的战线，这样还可以从侧面进攻德国的齐格菲防线。这一计划交由蒙哥马利来实行，还为它取了一个好听的代号——"市场—花园"。但没想到盟军会在"花园"里受挫。9

月 17 日，1000 架轰炸机在 1000 架战斗机的掩护下打前站开路，1000 架运输机和 500 架滑翔机在阿纳姆地区空投了 3 个伞兵师。开始时一切顺利。马斯河上的一座桥被占领。但接下来便事事不顺。由于差错，一个英—波师被投到北面几英里的地方。第 2 批滑翔机在雾中迷路，搞错了着陆地点。正巧，有一个德国装甲师出乎意料地待在那儿。天公也不作美，使空军无法出动支援，这种情况一直持续到 24 日。而就在这一天，因为缺乏给养，伞兵不得不在风雨交加的黑夜里撤退。过了 7 个月之后，英军才再次回到阿纳姆。

于是，1944 年秋冬之交，盟军只能在漫长的战线上进行一些小规模战斗，以巩固后方，廓清战场了。蒙哥马利在他的后方和斯凯尔特河上进行扫荡作战。他费了不少工夫去解决德国的两个"袋形地"，一个在布鲁日以东的海岸，另一个是瓦尔赫伦岛。瓦尔赫伦岛是通往安特卫普的关键。盟军炸开堤坝，水淹该岛。但为扫除岛上的大小碉堡，却激战了 15 天，有时是战壕里的白刃战。最后，用了大约 100 艘扫雷艇，费了 3 个星期的时间，才清理出一条 70 英里的水道，从安特卫普直通北海。一直到 11 月 28 日，第一支船队才进入安特卫普港。美国第 1 集团军从塞纳河推进到德国边境，立刻发动了几次战斗，最后攻陷德国境内的亚琛。亚琛有着悠久的历史，是西线盟军攻占的第一座重要的德国城市。阿登森林以南，第 3 集团军向萨尔地区发动了进攻，巴顿保证要在几天之内打下萨尔，但他的坦克为泥泞所阻。11 月 22 日，他们到达梅斯。直到 12 月中旬，才彻底肃清了附近的据点。再往南，德弗斯的第 6 集团军群经罗纳河向北面的孚日山区挺进：要想进抵莱茵河，突破齐格菲防线，就必须越过这道可怕的屏障。在这一战线的许多战斗中，法国人打得非常出色。他们在一周内攻破贝尔福山峡，先头部队迅速抵达莱茵河。勒克莱尔的法国第 2 装甲师于 11 月 23 日攻克斯特拉斯堡，俘虏德军 15000 人，文职人员 20000 人。斯特拉斯堡是法国东部靠近法德边界的重要城市，攻克该城对法国具有极其重大的意义。勒克莱尔早就立下要解放巴黎和斯特拉斯堡的豪言壮语，现在，他对他的挚友们说："这下我们可以瞑目了。"

这样，到 1944 年岁末，盟军解放了法兰西、卢森堡和比利时等国，全线推进到德国边境。艾森豪威尔显然非常小心谨慎，在这一阶段，他不曾发动任何足以招来重大风险的大规模进攻，因此也不曾取得任何决定性的胜利。然而，他已经把他的全部兵力作好部署，等待来年对德国发动最后进攻。海港、公路和铁路都已经修复，盟国再也不愁得不到必要的供应了。打败德国，消灭法西斯仿佛如箭在弦，刻不容缓。

令人振奋的不仅是战场上的胜利，而且，随着德国在东西两线节节败退，德国人的苦难不断加深，纳粹主义的魔力也开始消失，希特勒威信迅速下降，德国国内的反纳粹运动炽盛起来。特别是军队，曾几何时，他们从希特勒的冒险中得到的好处最多，因而他们宣誓效忠元首，驯顺地接受他的指挥，执行他的决定。但是专制暴政、战事的失利破坏了他们对希特勒的信心，也影响了相互之间的关系。阿拉曼战役失利时，隆美尔就私下放言：我们已经不需要希特勒了。而他们中的一些有识之士早就担心德国掌握在这个主子手里会落得个什么下场，他们开始结成松散的秘密集团，被称为"黑色乐队"，密谋除掉希特勒。

1943 年，密谋分子进行了不下 6 次暗杀希特勒的尝试，都没有成功。1944年7月20日，冯·施道芬堡上校在希特勒的大本营里再次谋刺失利，军方大批人员受株连。直接参与密谋的贝克元帅、冯·维茨勒本元帅和冯·施道芬堡等人自然不能幸免，克卢格和隆美尔也先后被迫自杀，谍报局局长卡纳里斯海军上将后来被绞死在集中营里。党卫军首领希姆莱被任命掌握国内驻防军。但希姆莱这些靠纳粹起家的政客和杀人狂并不真正懂得军事，结果，就损害、削弱了德军的作战能力。密谋不仅动摇了纳粹德国的内部统治，在客观上还有助于欧洲解放的进程。

未遂暗杀也损害了希特勒的健康。他一年以前就患了神经病，现在更加剧了：他的左臂和左腿痉挛得厉害，耳朵也有聋聩的迹象。暗杀表明致命的危险就在身边，随时都会有丧命的可能。因此，他对别人更不信任了。他终日躲在筑有钢筋水泥掩体的地下室里，老是自言自语，听不进不同意见，甚至不愿从头至尾听完一个汇报。他更容易发脾气了，然后就是一阵沮丧。曾经器张一时的第三帝国现在竟控制在这样一个不正常的病人手里，也是合该气数已尽。

但是，希特勒庆幸自己命大，他把这次侥幸视为命运的象征，更坚定了他把战争进行到底，把德国人民引向深渊的决心。他比任何时候都更加不肯认输，决不放弃任何一线胜利的希望，而宁愿作疯狂的挣扎。到1944年秋冬，希特勒一方面指望德国的秘密武器能够给盟国以重大打击；另一方面，他一直在考虑选择适当的时间和地点发动一次反攻，说不定还能够扭转战争呢！

在确，这个时候，德国的武器研制取得了一些进展，梅塞—施米特公司研制出喷气式飞机，时速大大提高。1944年6月，希特勒批准生产喷气式飞机，11月，他下令喷气式战斗机的生产要优先于其他一切。与此同时，梅塞—施米特公司还制造出另一种完全新式的飞机，即火箭推进式飞机。年底，这两种新型飞机开始批量生产，它们的机动性和进攻性能引起了轰动。1945 年 3 月，轰炸柏林的盟国空军受到出乎意料的沉重打击。

希特勒更感兴趣的是导弹，它由德国火箭专家冯·布劳恩主持研制。德国先后推出两种导弹 V-1 和 V-2。"V"指德文 Vergeltung，意即"报复"，纳粹要报复盟国对第三帝国的集中轰炸。V-1 导弹实际上是一种喷气推进、无人驾驶的小飞机，飞行高度 2900 英尺，时速 375 英里，可载半吨炸弹飞行 185 英里左右。希特勒确实一心想着要报复，他把 V-1 专门用来轰炸伦敦、安特卫普等地。在 1944 年夏秋之交的 3 个月里，有数千枚导弹炸毁了伦敦 25000 幢房屋，炸死 6000 人，使伦敦人再次生活在 1940 年空战时的悲惨境遇下。6 月 18 日，一枚导弹落在警卫队部的礼拜堂上面，刹那间，整个建筑物就被摧毁了，近 200 名警卫兵，包括许多优秀的军官，连同他们的亲友都被炸死，或身受重伤。同年 9 月，德国人又研制出 V-2 导弹。V-2 用酒精和液态氧作燃料，产生的气体作为火箭推进的动力。它可以垂直发射，上升至 25 英里的高空后，以每小时 3600 英里的速度飞行，然后以每小时约 2200 英里的速度大致沿抛物线自由下落。由于 V-2 的速度超过音速，不等人们听见就爆炸，因而战斗机和高射炮对它毫无办法。伦敦中了 500 多枚 V-2 导弹，安特卫普中了 1000 多枚。平均而言，V-2 造成的伤亡大约是 V-1 的 2 倍，因而造成的损失就更为惨重。

此外，在邓尼茨海军上将的领导下，德国的潜艇性能也大为改观。以前，德国的潜艇下潜后不能有效地进行空气交换，因而下潜时间短，续航力弱。现在，潜艇开始装配一种叫作"斯诺克尔"的系统，通过一对垂直的管子，下潜的潜艇能吸进海面的空气，排出废气，因此，潜艇可以在水下使用柴油引擎，而不再用行程很小的电力推进，这样潜艇几乎可以无限期地潜在水里，而且，飞机几乎无法发现它。由于这一发明，在战争的最后阶段，潜艇战又突然激化了，对盟国海上行船形成了很大的威胁。直到1945年4月，盟国护航队还在英国沿海受到损失。盟国无法用飞机完成侦察潜艇的任务，于是不得不增加护航力量。

德国的这些"秘密武器"对盟国的威胁并非微不足道，它们引起了英美方面的严重关注。但它们决不能改变德国败亡的战争格局。总的来说，德国的这些新发明没能及时大量使用，或者虽使用了但使用不当。例如，如果把 V-1 集中起来轰炸英国朴次茅斯-南安普敦地区的话，就会给盟国横渡海峡的船队造成极大威胁，而这些错误的责任多出在希特勒本人。不过关键之点还在于，盟国这时无论在人力还是物力上已经都建立绝对优势，特别是空中优势，德国新式武器的威胁很快就被消除了。

为了摧毁德国国内的战略目标，加速纳粹败亡，盟国空军开始连续、大规模袭击德国的军工企业和军事设施，其中包括油田、合成燃料工厂、飞机制造厂、机场、火箭发射场等等。于是，越来越多的德国石油工厂被摧毁，严重影响了德国空军的燃料供应。到1944年9月份，德国只能生产1万吨辛烷燃料，而每月却至少需要16万吨才行。至7月份，盟国已经至少把德国所有主要的合成燃料工厂都轰炸过一次，有一家工厂遭到22次攻击，盟国共出动轰炸机552架次，投掷炸弹18328吨。由于遭到反复空袭，就是相当迅速地

英国俘获的V-1导弹

开展修复工作，充其量也只能减少损失。燃料不足成为德军的致命弱点，油料连用来训练必不可少的飞行人员都不够，突击生产出来的喷气式战斗机和坦克实际上毫无用处。盟国还炸毁德国的飞机装配工厂，以及喷气式飞机起飞必需的巨大跑道。对付 V－1、V－2，除了加强炮击拦截外，盟国更想方设法袭击它们的工厂和发射场。1944 年 8 月 4 日和 5 日，盟国轰炸机集中轰炸了德国火箭研究中心佩内明德岛，使其导弹的生产受到严重破坏，再也没有恢复过来。希特勒也曾热衷于试验原子武器。但德国人摸错了门道，结果令人失望。而且，盟国在情报部门、抵抗运动和空军的互相配合下，一再成功地破坏德国的原子武器试验。这样，希特勒通过"秘密武器"来扭转战局的一切希望都落空了。他还能使出什么招数呢？

1944 年 12 月 16 日傍晚，艾森豪威尔正和布雷德利讨论补充步兵兵员、发动下一步进攻的问题，一位参谋人员突然进来报告说，在阿登地区，德军正在发动一次猛烈进攻，突入盟国战线。战斗是那天清晨打响的。过了两天，12 月 18 日，盟国才发觉对方进攻的规模很大，意识到局面的严重性。原来，希特勒开始了蓄谋已久的反攻，他在运用惯用伎俩，使出浑身解数来孤注一掷。

这次战役一般叫作"阿登战役"或"凸出部战役"。4 年前，德军正是在阿登地区发动强大进攻，把法国打得一败涂地，把英军赶出欧洲大陆的。这次希特勒如法炮制，希望再次奏效。他选择的时机和地点还真不坏。当时，盟军正在休整，为发动春季攻势作准备。而且，艾森豪威尔在布防时，合乎逻辑地把 16 个师部署在阿登山脉以北，10 个师摆在以南。而在阿登山脉后面只有 5 个美军师。因此，阿登山地区成了盟军战线上最薄弱的环节。为了争取这次攻势的胜利，希特勒在阿登地区投入两个装甲集团军，一个是迪特里希指挥的第6党卫军装甲集团军，一个是曼陀菲尔的第5装甲集团军，共28个师，所有能动用的坦克全都调集起来。按照计划，第6党卫军装甲集团军作主力，向西北出击，在列日和于伊之间渡过马斯河，并向安特卫普挺进。第5装甲集团军则沿一条更加曲折的路线反攻，在那慕尔和迪囊之间渡马斯河，向布鲁塞尔进逼。整个进攻的目的，是要切断盟军经安特卫普港得到的供应，把战线北面的英国和加拿大军队孤立起来，制造第二个敦刻尔克，迫使英国退出战争，以便德国得到喘息机会，及时调往东线，阻止苏军的进攻。可是，对当时的德军来说，这一计划太过庞大，龙德施泰特、伦斯德和莫德尔等人都不赞同，并提出警告说，他们指挥的部队力量不够，无法打到安特卫普。他们建议展开一次有限的进攻，最远打到马斯河为止。但希特勒固执己见，宣布他的决定是最后的，不能有任何更动。因而，这次进攻是希特勒的一次赌博。

在这个战役的第一个阶段，德军进展顺利，盟军措手不及。一开始，进攻带有闪击战的偷袭色彩。一个讲英语的德军突击队乔装打扮，潜入盟军后方，进行各种破坏活动，制造混乱。他们切断电话线，倒转路标，将盟军的后备部队引入歧途，挂上红色带子表示路上埋有地雷等。他们中的少数人落在美军手里，引起了极大惊扰。为了搜索他们，许多交通运输线上开始进行严格的盘查，好几百名美国士兵因盘查通不过而被抓了起来。布雷德利也三次被谨慎的士兵拦住以证明他的身份："第一次我说伊利诺伊州的首府是斯普林菲尔德（询问我的人却一定说是芝加哥）；第二次讲的是打橄榄球的规则，问我中锋和在混战线上中锋旁的一个球员之间后卫的位置；第三次是要我说出一个名叫贝蒂·格拉布尔的金发碧眼女郎现在丈夫的名字。"但这种办法看来还是有效的,从事破坏活动的大部分德军特务由于回答不出美国棒球和橄榄球的细节问题而暴露了身份。敌人特务的活动还使盟军保安部门不得不认真对待一种毫无根据的流言,即德国人要谋杀艾森豪威尔和其他高级军官。于是,保安部队加强了警戒,限制艾森豪威尔等人的行动,使他们既恼火又无可奈何。

天气帮了德军的大忙。当时阿登山被雾霭笼罩着,盟军的飞机整整一个星期无法升空作战,使德军能够按照预定计划推进。然而,与 1940 年的法军不同,美军在缺乏空军和地面增援部队支持、交通联络线被切断的情况下,仍奋力抵抗。伦纳德·杰罗少将的第 5 军第 99 步兵师虽然被迫后撤,但经过 3 天的殊死搏斗后,他们仍然挡住了德军的去路,使其无法直接开赴列日,而只能从南面对列日进行侧翼包围。曼陀菲尔率军包围了重镇圣维特市,但是被包围的两个美军师拖住德军达一星期之久,直到 12 月 21 日才沿最后一条通道撤退。

阿登战役是一场殊死的搏斗,这突出表现在盟军对巴斯托尼的防御作战中。巴斯托尼是个公路中心,由美军第 10 装甲师守卫,它正好在德国第 5 装甲集团军总攻击的路线上。18 日,德军向前推进了将近 30 英里,已靠近巴斯托尼了。但他们在第二天向巴斯托尼发起冲击时,却遭到阻遏。这一天早晨,前往增援的美军第 101 空降师赶到,防务有所加强,并由安东尼·麦考利夫准将负责。根据计划,德军打算第二天占领巴斯托尼。但直到第三天,他们才抵达城边;直到第六天,才绕道而过。当德军将领要求该城投降时,麦考利夫准将只回答了一个字："呸!"

12 月 19 日,艾森豪威尔在凡尔登召开会议,讨论对付德军的进攻和反攻的问题。会议决定:北侧在德军进攻中首当其冲,应采取几天守势,而南侧则应尽早向北突击。为此,巴顿奉命放弃洛林省的防区,率领第 3 集团军向北疾进去解救巴斯托尼。一俟天气好转,飞机能起飞,就给予充分的空中支援。在 19 日这一天,盟军总共有 6 万名新来的部队开赴阿登地区,在以后的 8 天中,又有 18 万人开赴该地。

22 日晨,布雷德利和巴顿按计划在南侧向北进攻。23 日,天空转晴,盟军的飞机可以出动了,久经考验的地空战术协作的巨大威力开始释放出来。盟军空军轰炸德军运输系统中的敏感地点,袭击行军的队伍,侦察和报告敌军的种种重要行动。而德军由于道路泥泞,缺乏燃料,再也不能迅速向前推进了。曼陀菲尔集团军的一部在圣诞节前夕绕过巴斯托尼,推进到离马斯河 6 公里的迪囊附近,但这支先头突击部队第二天就被美军第 2 装甲师消灭了。这样,在一个纵深 97 公里、底部宽 81 公里的三角形"凸出部"地带,德军的进攻被挡住了。26 日,巴顿所部美国第 4 装甲师突入巴斯托尼。

1 月 3 日,盟军全线反攻。蒙哥马利的第 21 集团军群沿阿登突出部北翼发起进攻。局势倒转过来了。但希特勒不肯作任何退却。德军困在一个窄小的范围内,唯一能做的就是用 V-1 和 V-2 攻击盟军的补给线。1 月 8 日,希特勒终于同意有限撤退,但为时已晚。德军被盟军的进攻一步步地往回赶,处境十分不妙,后期的损失比前期更加重大,最好的装备也丢失了。1 月 15 日,德军全面撤退。到 21 日,德军被赶回到他们原先的防线上。希特勒的"最后一掷"

参加阿登战役的德军

以失败告终。

在阿登战役中，德军共损失 10 万人，1600 架飞机，700 辆坦克，其他各种车辆无数——这一切本该用来防备盟军对德国本土的总攻。为准备这一战役，希特勒还投入了全部剩下的后备队。因此，战役的失败破坏了德军作任何认真抵抗的机会。毋庸讳言，盟军在这次战役中损失也很大，减员 81000 人，其中仅美军就伤亡 77000 人，是美国历史上战场伤亡最严重的一次。但是，盟军有强大的后备力量。阿登战役还在进行时，盟军已在重新制订并筹备向德国本土进攻的计划了，打算消灭莱茵河以西的敌人。

艾森豪威尔决定，最后的攻击一开始，就不间断进行下去，直到最后打败德国。他计划分三个阶段来进行：第一阶段，沿着前线发动一系列进攻，消灭莱茵河以西的德军；第二阶段，越过莱茵河，建立重要的桥头堡；第三阶段，发动最后进攻。

到 1945 年初，希特勒称全国人口中还有 1000 万男子，其中军队 750 万，编为 290 个师，也就是 1940 年 5 月德军数量的两倍。但这些数字是虚假的，师的编制不满员，装甲师的坦克减少了，军队的士气和体质都大不如前。由于盟军的轰炸，虽然调动的距离已经缩短，但部队的机动性反而减弱。缺乏汽油，公路只好弃而不用，铁路则因设备和器材的损坏，运输量只及正常情况的三分之一。纳粹德国正在面临死亡前的痛苦。但希特勒不以为然，仍顽固坚持他错误的指导方针，即使一再犯下大错，也不肯丝毫加以改变。他不让军队从挪威、巴尔干和意大利这些次要的战区里撤出，以减少损失。为了保护建造新潜艇的波罗的海造船厂，他把 30 个师陷在科尔兰，背向大海，坐等苏军包围。当苏联就要发动巨大的冬季攻势时，他把军队从东线抽到阿登对英美发动反攻；而当英美将在西线反攻时，他又把大部分剩余的部队和物资用来扼守奥得河一线，抗击俄国人。这种战略上的失策固然反映了德国东西两线作战的两难处境，但希特勒也承担着重大责任。战争败局已定，希特勒却不想结束战争，德国人又不能结束希特勒的统治。于是，在最后的几个月，战争拖延下去了，德国人茫然地跟着自己的元首走上第三帝国最后一段艰难历程，继续忍受着不可想象的物质和人员损失。这是真正的德国悲剧。

再来看看西线盟军。现在，艾森豪威尔拥有 90 个师：60 个步兵师，25 个装甲师和 5 个空运师。部队装备精良，几乎完全摩托化，总共有 6000 辆坦克。另一方面，盟国空军完全掌握了制空权，德国的每一寸国土都在它的航程之内。盟国轰炸机无论袭击什么地方，都有战斗机护航。而且，由于航程短，轰炸机在作战中的作用也更大了。盟军的部署基本如前，只是进行了调整、充实和加强：在北面，蒙哥马利麾下有克里勒将军的加拿大第 1 集团军，登普西将军的英国第 2 集团军，辛普森将军的美国第 9 集团军和布里尔顿将军的空运第 1 集团军；在中部，布雷德利麾下有霍奇斯将军的美国第 1 集团军和巴顿将军的第 3 集团军；在南面，德弗斯将军麾下有帕奇的美国第 7 集团军和德拉特尔的法军第 1 集团军。

为了完成战略进攻计划第一阶段的目标，消灭莱茵河以西的德军，盟军首先发动了科尔马袋形地—莱茵兰之战。1 月 20 日，法国第 1 集团军从南面突击攻占科尔马，同时从北面冲击登陆场。但由于地形多山，森林中埋了地雷，河流众多，气候寒冷，一时进展很小。艾森豪威尔决定彻底消灭科尔马这一赘疣，给德弗斯增派了援军。以美军为先锋，两个法国军和另几个美国军同时发动进攻。德军的防御迅速瓦解。1月27日，科尔马被攻克。2月9日，科尔马袋形地终于被扫清，这个地区的德军退过莱茵河。

在北面，加拿大军已经打响了莱茵兰之战，初始进展令人满意。但他们很快陷入洪水和泥泞之中，并遇到猛烈的抵抗，因而进展缓慢，代价很大，几天只前进了约15英里。2月23日，美国第9集团军开始进攻，由南向北突击。3月3日，其左翼向前迂回与加拿大集团军会合，向莱茵河推进。这个地区的敌人被迅速肃清。

在盟军漫长战线的中央部分，布雷德利的第12集团军群也开始行动。由于德国突然打开鲁尔河水闸，河水开始泛滥，但美国第1集团军仍然强行渡河，自北而下。3月7日，攻克科隆。在第1集团军右翼的巴顿第3集团军，经过整个2月份的必要准备，3月也开始猛攻。他们击溃了萨尔河和摩泽尔河三角地带敌人的抵抗，越过萨尔河建立了桥头堡。接着，他们逐一肃清了丛林和溪谷中的齐格菲防线堡垒。3月2日，攻克特里尔。8日进抵莱茵河。11日，先锋部队沿莱茵河联结起来，全部德军被俘。为了消灭萨尔盆地的大量敌人，巴顿所部接着向东南运动，先进抵莱茵河，然后包抄齐格菲防线，帕奇的第7集团军也同时推进到这个防线附近。包围行动十分迅速，俘德军7万人。这是这一阶段战斗中最为显赫的战绩。

到3月25日，莱茵河以西德军所有有组织的抵抗全部结束。盟军部队的进展与计划非常一致。仅用6个星期，艾森豪威尔就以一个接一个的连锁行动，全线挺进到莱茵河。现在他必须考虑如何实现整个进攻计划的第二阶段目标了，即越过莱茵河，建立桥头堡。他命令无论何时何地，只要有一线希望就越过莱茵河夺取桥头堡，时刻留意夺占永久桥梁的微小机会。

在拿破仑以后，还没有一个入侵者能够渡过莱茵河。德国人在西线一败再败，势必会拼死守住西线这最后一道天然屏障，一江封锁住千军万马也未可知。德军也的确是这么想的：撤过莱茵河，炸毁河上的所有桥梁，再沿河构筑一道坚固的防线。但希特勒不愿做这种战略上的退却。这样，莱茵河以西的德军在溃败中仓皇后撤，就难免会留下破绽。恰恰就在这节骨眼上，德国人阴差阳错，送给盟军一个绝好的机会。

为摧毁莱茵河上的桥梁，德军预先都做了精心的安排。因此，盟军在到达莱茵河西岸时，常常发现桥梁已被炸毁，或者正要夺取桥梁时，眼睁睁地看着大桥在爆炸的硝烟中塌入河中。但是，美国第 1 集团军第 9 装甲师在奔向莱茵河时，从一名俘虏那里获悉，雷马根的鲁登道夫桥仍安然无损，德军计划在 3 月 7 日下午 4 时炸毁。于是，第 9 装甲师 B 战斗群的一个先遣队火速前进，于 3 时 50 分赶到了现场。由于断了一根电线，德军不能在对岸通电引爆炸药。美国工兵趁机剪断了电线，把炸药扔入河中。先遣队冒着弹雨，冲过桥去，迅速夺占了河东岸的桥头堡。第二天，即有 8000 人过桥，桥头堡迅速巩固。夺占雷马根桥太意外了，艾森豪威尔说他"简直不相信自己的耳朵"。他承认，"这一次完全没有预见"。保护德国心脏的这个传统的防御屏障一下子就被突破了，战争胜利的前景突然近在眼前。

自从去年险遭谋害以来，没有任何事比丢失雷马根大桥更让希特勒心烦意乱的了。他命令严惩当事者，不惜代价摧毁那座桥。为此，德军用上了一切所能想到的办法，炮击，空袭，蛙人特别行动小组，甚至用上了 V-2，但一时都没有成功。后来，桥是毁了，但已无补于事。美军把 3 个师送过了河，占领了一块宽 30 英里、纵深 10 英里的袋形阵地，并在那里布置炮队，坚固阵地。附近还架设了浮桥，大批援军和给养向东运过河去。

好胜的巴顿将军简直有点嫉妒第 1 集团军的好运气。3 月 22 日，他下令在科布伦茨以南强渡莱茵河，迅速向前推进，使自己的部队突出到整个战线的最前方。他意识到，在越过莱茵河后的战斗中，速度是最关键的，占领土地比扫荡残敌更为重要。而在前方，敌人剩下的只是一些杂乱无章的部队，即使抵抗也成强弩之末，不足为惧。所以，他无意停下来收拾敌人的残兵败将，而是无所顾忌地向前冲杀过去。3 月底，他的先头部队已越过纽伦堡。

蒙哥马利一向用兵谨慎，不作无谓的冒险。除非有雄厚的人力和物力，有取胜的充分把握，否则他决不进攻，现在也不例外。他要以充分的兵力渡河，而且在渡河之后能够迅速扩大战果。因此，他用了很长时间来做准备。到 3 月 23 日，他终于准备停当，下令发起攻击。在施放了一阵浓烈的烟幕之后，2000 多门大炮和轰炸机群对河对岸的德军阵地进行了猛烈轰击。在两栖坦克的支持下，步兵顺利渡河并在东岸建立起桥头堡。黎明后，两个空降师出其不意地降落在敌人的炮兵阵地上，使敌军惊慌失措。第二天晚上，桥头阵地的纵深已达 30 英里。26 日，莱茵河上架起了 7 座桥，大量的后援部队，坦克和运输车辆源源不断地开向东岸。但蒙哥马利仍然十分小心，一直等到在桥头堡集结了 20 个师和 1500 辆坦克后，他才批准向东发动总进军。

在南面，美国第 7 集团军于 3 月 26 日在沃尔姆斯附近强渡莱茵河，攻克曼海姆。法国第 1 集团军于 4 月 1 日在卡尔斯鲁厄北面的菲立浦堡最后渡过了河。法军接着向东南方向的斯图加特突击，并肃清了从莱茵河东岸一直到瑞士边境的敌人。

因此，迟至 4 月 1 日，在从北海沿岸到阿尔卑斯山北麓的辽阔战线上，盟军全线顺利地渡过了莱茵河，德国的这一天然屏障被一跃而过，它的纵深腹地和心脏地带暴露无遗。盟军有计划地增建和巩固莱茵河上的桥梁，使长长的运输线不断延伸。坦途在前，德国的快速公路使坦克可以长驱直入，无法防守。德军只有一些孤立零星的抵抗。对盟军来说，在许多地区，战争可能成为在公路上的行军。有一段时间，在法兰克福北边的高速公路上，美军的装甲师和步兵师正沿着公路两侧并肩向北开进，公路中间走的则是好几万名南去的德军俘虏，连押送的人都没有。

德国实际上已完全崩溃，但希特勒拒不接受这一事实。因此，在解放欧洲的伟大战斗中，解放德国，消灭法西斯这最后一仗就此拉开帷幕，而且上演得有声有色。

十

消灭法西斯

战争越来越成为政治问题了，消灭法西斯是这样，在盟国之间也是这样。

对于丘吉尔这样深谋远虑的政治家，当初毅然和苏联结盟完全是保家卫国、夺取战争胜利的需要。多年来，他一直警惕苏联势力的渗透和扩张，主张在不危及反法西斯同盟的前提下，尽早遏制这种扩张。为此，他曾力主从意大利向中欧发动强大攻势，在中欧抢先阻止苏联人。可是美国人不这样想，罗斯福首先关心的是战后世界的持久和平。他把战后和平的全部希望放在拟议中的一个国际机构上，即后来的联合国。1945 年 2 月，盟国三巨头罗斯福、丘吉尔和斯大林在雅尔塔举行会议，除了商讨德国战败后的命运、波兰问题以及对日作战的秘密协议和公开的时间表之外，会议还为未来的联合国组织规定了基本框架，确定了诸如成立大会何时何地举行等细节问题。美国人也试图在最短的时间内用最直接的方法摧毁敌人的武装力量，其作战计划完全从军事考虑出发。美国人凭借强大的军事力量，把西线盟军作战指挥的主动权牢牢掌握在手中，国力不

216

逮的英国人虽然不时持有异议，但多半顺从美国人的主张，双方到头来总是达成协议的。美英之间有一种总的和谐气氛。可是，到1945年4月，丘吉尔的忧虑就不是没有道理了。苏军在解放了本国国土之后，并没有精疲力竭，停顿下来，相反以千军万马之众、排山倒海之势，正在向柏林、维也纳和布拉格推进。在他看来，战争的面貌开始改变了，苏联正在变成一个潜在的敌人。因此，他认为，必须依靠西线盟军来制止红军向西推进的势头，并尽可能向东来一个反推进，达到尽可能远的程度。而且，他认为英美军队应该首先进占柏林，这样做具有重大的政治意义。他敦促艾森豪威尔采取行动来达到这些目的。

但艾森豪威尔是从军事角度看问题的军人。虽然他承认，柏林是"德国残余力量的象征，在政治上和心理上是很重要的"，但他坚持，军事计划只能根据迅速取胜这一原则来制订，柏林不是西线盟军最合适的目标。为了迅速取胜，除了包围鲁尔之外，必须尽快同红军会师，以便阻止德军的重新集结。另外，还必须占领那些冬季来临时可能使战争延长的地区，这就是挪威、丹麦，特别是奥地利。已经有所谓"民族堡垒"的说法，即纳粹打算在走投无路时，把党卫军、盖世太保和另外一些狂热忠实于希特勒的组织撤至巴伐利亚南部、奥地利西部和意大利北部的山区。他们指望在那里据险固守，与盟军顽抗到底。艾森豪威尔担心，如果真让德国法西斯建立这样一个"民族堡垒"，就可能迫使盟军陷入旷日持久的游击战或代价很大的围攻战。因此，英美的主攻方向不是柏林，而是德国的中部和南部。让俄国人去攻占柏林好了！丘吉尔又一次屈服于他无力控制的局面。艾森豪威尔完全按自己的意图行事，把原先制订的军事计划继续执行下去。

为了完成春季战役的第三阶段目标，即最后摧毁德国军事力量，占领德国领土，艾森豪威尔计划先用第 12 和第 21 两个集团军群包围并夺取鲁尔，然后由布雷德利实施一次强大的冲击，直接穿过德国中部，越过德国的中央高原。为了保证布雷德利有足够的兵力横越德国，美国第 9 集团军重新归他指挥，还为他的集团军群组建了新的第 15 集团军，由杰罗将军指挥。等到布雷德利和苏军在易北河某地会师，两翼即发动一次迅速进攻。北面的突击将切断丹麦，南面则突入奥地利，并占领其西部和南部地区。北路、中路和南面三线的进攻互相支援、策应。

鲁尔是德国最重要的工业基地，对德国战时经济举足轻重。盟国空军曾对鲁尔地区的工厂及出入鲁尔的交通线进行了大规模轰炸，并取得了显著成效。包围鲁尔，一方面是要彻底瓦解德国的战时经济，使德国无力把战争继续下去；另一方面，意在歼灭鲁尔地区的德军有生力量。当时，该地驻防着德国 B 集团军群，由莫德尔陆军元帅指挥。

在盟军强大的攻势面前，莫德尔请求尽早撤出，但遭到希特勒拒绝。莫德尔只好服从，坐视鲁尔遭到南北包围。莫德尔企图突围。向北未遂，向南也没有成功。4 月 14 日，美军发动局部攻势，将德军防区一分为二。两天以后，德军较小的东集群瓦解。18 日，西集群也被歼。德军 32 万人被俘，其中将级军官 30 人，莫德尔自杀。

同时，布雷德利迅速组织他的部队向东推进。到鲁尔守敌投降时，他的几支先头部队已抵达易北河。巴顿的第 3 集团军先向捷克斯洛伐克正北面的开姆尼兹城突击。然后，根据上级命令，折向东南，越过巴伐利亚，顺多瑙河而下，直插奥地利的林茨，在那里接受了德军的投降，并同苏军会师。另一支部队向东进入捷克斯洛伐克，于 5 月 6 日占领比尔森。但上级规定的停止前进线，使巴顿于 5 月 9 日无可奈何地停了下来。在解放欧洲、消灭法西斯的伟大战斗中，他们比其他任何一个集团军都走得更远，抓获了更多的俘虏，渡过了更多的河流，解放了友好国家更多的土地，也占领了敌人更多的领土。

在北面，蒙哥马利麾下的英国第 2 集团军向吕内堡、汉堡和不来梅进逼。他们渡过威悉河，进抵易北河，26 日到达不来梅，5 月 1 日汉堡投降，3 日渡过基尔运河。这样就封锁了丹麦的敌人，并阻止德国的任何败军撤往那个国家。在此期间，加拿大第 1 集团军向北突击，以肃清荷兰东北部和东到易北河的沿海地带的敌军。4 月 15 日，攻占阿纳姆。由于德军炸毁了须德海上的堤坝，荷兰被隔绝了，发生了前所未有的饥荒，成千上万的人因而死去。为了减轻荷兰人民的灾难和痛苦，盟军推迟进军，同德国高级专员赛斯－英夸特进行谈判。4 月 28 日，达成停战协议。

在南面，德弗斯的第 6 集团军群开始时遇到全面抵抗。经过顽强战斗，4 月 16 日抵达纽伦堡。然后，他们全力以赴去占领更西南面的"民族堡垒"。4 月 30 日，攻占纳粹活动的策源地慕尼黑。5 月 4 日，拿下希特勒的山间别墅所在地伯希特斯加登。另有一支部队于 4 月 22 日渡过多瑙河，继而占领因斯布鲁克，突破勃伦纳山口。在国境线的意大利一侧，从德国南下的美军和从意大利北上的美军胜利会合。

盟军之间的这种会师，在不同时间不同地点几经发生。但最动

盟军会师

人也最著名的会师发生在美军和苏军之间，即易北河会师。

托尔高是一个只有两万居民的小镇，本来可能永远默默无闻，但历史的机遇却使它成为永远值得纪念的一个地方：1945 年 4 月 25 日，西线的美军和东线的苏军在这里胜利会师。那天，霍奇斯第 1 集团军第 5 军第 69 师由罗伯逊少尉率领的巡逻队和苏军不期而遇。他们在下午四点半到达苏军防线，和红军联系上了。随后，罗伯逊带着 4 个红军官兵回到美军防线。会师得到了双方前线指挥官的认可。这是一个历史性的伟大时刻。双方都非常激动，欢呼雀跃。当时，一位美军战地记者报道说："当美国第 1 军米特尼·H.霍奇斯中将的步兵用 K 类配给食品换取柯涅夫元帅的乌克兰军的伏特加酒时，易北河上托尔高镇的东西两岸真是一片欢腾，庆祝场面就像疯了似的，大家尽管言语不通，都争相祝贺，气氛近于狂热。""今天，69 师的人静坐易北河两岸，温阳如沐，喝着葡萄酒、白兰地、伏特加，看着他们的俄国新朋友，听他们拉手风琴，唱俄国歌；前后都没有敌人。"同一天，在托尔高以南大约 16 英里的斯特拉，美军第 69 师的另一个由科茨布中尉率领的巡逻队也和红军会师了，欢庆场面同样热烈。他们拥抱，拍照，喝酒碰杯，唱歌跳舞，没有个完。大家都为亲身经历这一时刻而兴奋不已，以至一醉方休。会师在战争进程中的意义自不待言，它是一个真正的里程碑。两天后，美、英、苏三国首脑同时宣布了会师的消息。

布雷德利的集团军群在易北河站稳脚跟，东西线盟军胜利会师后，德军被分割成南北两支互不通气的军队，纵贯德国的南北交通线也被切断了。希特勒就是想窜到"民族堡垒"去负隅顽抗，也不太可能了。但直到末日来临，他仍准备死守柏林，并指望出现救助他的奇迹。他喜爱阅读或让别人给他念英国史学家卡莱尔的《腓特烈大帝史》，里面写到，腓特烈在他的部队濒于崩溃时，俄国女皇突然死去，反对他的联盟就此解体。这太巧了，简直是天意！现在，希特勒在部下面前说着说着，就唠叨到这段历史上去了。当然，他也喜欢回忆几年前颇为得意的一系列冒险经历。他还有些相信占星术。他在 1933 年 1 月 30 日算的星象图就曾预言，1941 年以前德国会不断胜利，然后是节节败退，一直到 1945 年 4 月的上半月遭到惨败，4 月下半月将取得暂时胜利，接着又是一段暂时休战，直到 8 月份才有和平。他狂热的追随者、宣传部长戈培尔也和他一样，期待星象图上的转机能够应验。4 月 12 日，罗斯福总统突然去世。午夜刚过，戈培尔抑制不住激动和兴奋，打电话给希特勒说："我的元首，我向你祝贺，你最大的敌人已经厄运临头。上帝可没有抛弃我们。"这是一个奇迹，看来腓特烈大帝绝处逢生的那段历史正在重演。所以，希特勒相信，东西方强国之间反对德国的同盟，由于罗斯福之死，出于它们的利害冲突，不日就会解体。

但希特勒的希望落空了。虽然东西方盟国之间不是没有矛盾需要谅解和妥协，但希特勒可能没有想到，恰恰是出于消灭他的共同目标，才使反法西斯大同盟有惊无险，牢牢地维系了下去，直到最后的彻底胜利。为此，艾森豪威尔让西线盟军在协议规定的南北线和苏军会师，即从丹麦半岛东面底部的卢卑克附近开始，大致往南到埃森纳赫，再往南直到奥地利边境。艾森豪威尔不无理由地相信，战后对德占领区的划分，不应影响盟国最后战胜希特勒法西斯的军事计划。而在东线，红军早就把拿下柏林视为自己的主要作战目标。早在 3 月底，对柏林的攻击就已准备就绪。朱可夫奉命指挥柏林战

222

役。届时，科涅夫的乌克兰第 1 方面军和朱可夫的白俄罗斯第 1 方面军将对柏林发动钳形攻势。总攻的日子定在 4 月 16 日。

极有可能，在内心深处，希特勒早就意识到德国败局已定，在劫难逃。失败的阴影加重了这位元首阴暗、恶毒的心理。3 月，他决定加快实行消灭犹太人的计划。他命令把关在集中营里的犹太人全部杀死，以免他们日后被苏联人或其同盟者解放。最令人心惊胆寒的是，他对德国人民也不愿放过。按照他那套不可理喻的种族优势论，他宣称，"如果战争失败，这个民族也将灭亡。这种命运是不可避免的。没有必要考虑德国人民过原始生活的基本条件是什么。恰恰相反，最好由我们自己动手把这些东西破坏掉，因为这个民族将要证明它是软弱的民族……而且，战后幸存下来的人是最低级的人，因为最优秀的人是不会活过来的"。所以，他下令把德国所有的军事、工业和交通运输设施统统毁掉，免得它们落入敌人之手。他知道德国现在越来越多的人不再信任和忠诚于他了，他怀疑他的命令能否不折不扣地执行，因此，他指示这一"焦土政策"要在纳粹地方官员和"民族委员会"的协助下由军事人员执行，"凡与本命令相反的一切指示均属无效"。

对这样一道残酷无情的命令，只要良知未泯的德国人都会加以反对。德国的战时生产部长阿尔贝特·施佩尔就是这样。作为最能干的部长，施佩尔为维持德国的战时生产不遗余力，也一直为希特勒所赏识。但这一次，他深感震惊，进而抨击抗议。他背着希特勒，到部队去，到工业界的首脑们那儿去，采取果断行动，积极参与安排，在各地布置有责任感的人，要他们不要盲目服从希特勒的命令，这样才在很大程度上制止了破坏。违抗希特勒命令的不只施佩尔一人，对希特勒愚忠到死的莫德尔元帅，也拒绝了元首要他摧毁鲁尔工业区的命令。

在德意志第三帝国土崩瓦解的时候，希特勒再也无法控制局势的发展。德军的退缩和投降是迫不得已的，但前线的指挥官也频频违抗希特勒的命令，不去作无谓的牺牲。古德里安和海因里希将军甚至当面和他抗辩，把他气得暴跳如雷。他的那些身居高位的亲信更是对他阳奉阴违。为了替自己留条后路，或者至少借以减轻罪责，他们背着元首与盟国做交易。里宾特洛甫在瑞典进行谈判，沃尔夫在意大利进行谈判，就连帝国二号人物、党卫军总队长希姆莱都企图同西方大国谈判德国投降问题。"大家欺骗了我。"希特勒对一位秘书说，"我没有可以信赖的人。他们都背叛了我。"正是在这种"树未倒而猢狲散"的颓败情势下，在希特勒鞭长莫及的意大利，最先敲响了法西斯的丧钟。

1944 年底，经过 1943 年 9 月至 1944 年 12 月的意大利之战，驻意大利盟军已越过哥特防线，前方再也没有天险或者坚壁固垒的阵地了，因此，他们处在比过去要好得多的突击位置上，去发动 1945年的春季攻势。盟军意大利战区指挥官亚历山大和克拉克将军决定，沿亚得里亚海在两个泛滥区之间向北进攻，争取赶在德军逃过波河之前，对它加以扫荡和消灭。他们计划 4 月 9 日发动攻势。

盟军的力量远比对手强大。在发动春季攻势前夕，盟军第 5 集团军和第 8 集团军共计约有 536000 人，再加 70000 意大利人。德军总计为 491000 人，加上 108000 意大利人，但德军有 45000 人是内务值勤人员和防空人员，能够投入实战的部队比盟国少得多。例如，当盟国第 8 集团军 4 月开始进攻时，它的作战部队具有接近 2:1 的优势，为 57000 人对 29000 人。至于武器装备和军需供应，盟军的优势就更为突出了。大量新武器装备源源不断地运往前线，其中包括两栖坦克、袋鼠式装甲运输车、鸭尾式装甲登陆车辆，配有重型火炮的谢尔曼和丘吉尔坦克、喷火坦克和坦克推土机。考虑到意大利北部河流众多，因而还有许多新的架桥设备，燃料和弹药储备更不在话下。而德军只有很少的后备部队，武器弹药不很充足，燃料更少。同时，像欧洲大陆的正面战场一样，在意大利的盟军也掌握着绝对的制空权。他们的战略轰炸，瘫痪了德军的交通线，使德军即使从意大利调往其他战场，也会遇到极大的困难。由于燃料短缺，德军既不像早先那样迅速调兵堵住缺口，又不能进行阻滞性"机动撤退"。而且，希特勒仍然守缺抱残，不愿批准他在意大利部队作任何方式的战略撤退。

此外，盟军还得到约 60000 名意大利游击队员的帮助。在意大利北部，游击队是唯一抗击德意法西斯的战斗力量。在游击队里，学生、正规军人、自由职业者同工人农民并肩战斗，他们在德军战线后面制造大量混乱，分散德军的力量。他们牵制着当时在意大利作战的德军 26 个师中的 8 个师。

4 月 9 日下午，盟军出动 8000 架重型轰炸机和 1000 架战斗轰炸机，对德军防线进行大规模轰炸。同时，1500 门大炮连续集中轰击德军阵地。黄昏时分，步兵向前推进，战术空军则把德军紧紧钳住，使它动弹不得。敌守军被疾风暴雨般的炸弹震得晕头转向，再加上伴随步兵而来的喷火坦克，一时惊慌失措。盟军进展神速。4 月 14 日，盟国第 5 集团军向波洛尼亚展开进攻。不出几天，德军即全线崩溃。盟军乘胜追击，向着波河横扫过去。本来，德守军赫尔将军曾提出建立灵活防线的建议，即从一条河到另一条河作战略撤退，但希特勒不同意。4 月 14 日，德国意大利战区 C 集团军群总司令菲廷霍夫要求在美军发动新的攻势之前，把部队及时撤退到波河，但又被希特勒拒绝。20 日，他只好自作主张，命令部队撤退，但这时撤退已经太迟了。23 日，盟军渡过波河。许多德国官兵争相游过宽阔的波河逃命。他们再也没有条件修筑一道新的防线了。

4 月 25 日，游击队举行总起义，德军到处挨打。起义在城市中收到特别大的成效，游击队控制了米兰和威尼斯。在热那亚，他们俘虏了 4000 守军。他们还代表深受法西斯磨难的意大利的人民，处死了墨索里尼。

德军占领意大利本土以后，墨索里尼早已心衰力竭，只好跟在当年他的模仿者希特勒后面亦步亦趋，接受德国人的控制。为了对抗与盟军合作的巴多利奥政府，他在意大利北部的萨洛建立了"意大利社会共和国"。他的"共和国"缺乏任何立宪基础，他的新法西斯党几乎得不到任何支持，他们能否存在完全是由德国人决定的。由于和君主制分道扬镳，法西斯主义就更加赤裸裸地表现出它的丑恶面目。墨索里尼首先制订了一整套反犹太人法令。作为报复，他下令处决那些"背叛"他的人，其中有他的女婿、前外交部部长齐亚诺伯爵，还有曾参与 1922 年向罗马进军的德博诺将军。

因此，当德国人节节败退时，墨索里尼终于不能苟安。萨洛成为游击队猛攻的目标。为了逃避即将到来的盟军部队，他拿不定主意究竟是去瑞士避难，还是留在国内继续顽抗下去，最后，他决定再次向北逃窜。他把自己打扮成一名德国军官，但被盘查车队的一名游击队员辨认出来，结果成了游击队的囚徒，和他在一起的还有他的情妇克拉蕾塔。4 月 28 日，他和克拉蕾塔一起被处死，尸体被弄到米兰倒悬示众。他是作为法西斯主义的象征而被惩处的，遭到世人的唾骂。

兔死狐悲。但对于这种事，希特勒又能怎么样呢？德军的败退是不可挽回了，而幕后的谈判，早在 2 月份就悄悄开始。德国驻意大利党卫军将军卡尔·沃尔夫看到德国无法打赢这场战争，有意避免在意大利继续造成无谓的伤亡和破坏，另一方面也希望同西方列强结盟，抵制共产主义，于是便和英美接触谈判。他相信，只有设法让德国部队赶快投降，才能使西方赶在游击队之前，占领意大利北部。盟国方面并不拒绝这种接触，尽量想使意大利的战事早日结束。最初，谈判通过意大利和瑞士的中间人进行，随后沃尔夫亲往瑞士，和盟国主持谈判的美国战略情报局瑞士站站长艾伦·杜勒斯晤谈。谈判一度搁浅，沃尔夫的活动为希特勒冻结，他本人还受到希特勒的斥责。在盟国方面，苏联对英美这种单方面的举措反应强烈，双方在做出解释后才达成谅解。到 4 月 23 日，菲廷霍夫和沃尔夫一致决定，不顾柏林继续抵抗的命令，继续进行投降谈判。4 月 29 日下午 2 时，在希特勒还活着的时候，德国使节签署了一项文件，规定在 5 月 2 日中午 12 时（意大利时间为下午 2 时），驻意大利德军无条件投降。

纳粹德国正在走向死亡。苏军向柏林的总攻计划于 4 月 16 日打响。在 250 英里的战线上，苏军总共部署了 200 万人，41000 门大炮，6300 辆坦克和 5000 架飞机。对柏林之战，苏军进行了极其认真的准备工作，以便迅速粉碎敌人的抵抗，占领柏林城。战斗的每个细节都详加考虑，特别注意如何组织战斗，以及各种兵种的配合。

从 3 月 12 日到 4 月 10 日，东线战事相对沉寂，实际上是大战的先兆。

但是，柏林是希特勒的大本营，修筑了坚固的防御工事，其钢筋水泥堡垒连大炮都不容易摧毁。而且，柏林城面积达 350 平方英里，地下铁道连同其他隧道和涵洞，使守军有非常大的机动余地；建筑群、桥梁和运河，又组成了天然的袋形抵抗阵地。因此，在这个城市的街头巷尾，角角落落，都有可能发生激烈的争夺战。

希特勒不肯离开柏林。他的军政要员都曾劝他到贝希特斯加登去，但他回绝了，他说他要誓死保卫柏林。他仍然执迷不悟，指望在柏林打一场防守反击战，相信苏联人将在柏林遭到最惨重的失败。战役前夕，希特勒在奥得河拼凑了两个集团军，由海因里希将军指挥，并在法兰克福和柏林之间集结了相当大的后备部队。他又一次命令不得后退，拯救柏林。戈培尔也决定留下来，同元首共生死。他宣布首都是"全民族坚决斗争的象征"，号召和元首一起保卫柏林。这个不幸的城市就这样被他们拖进没有意义的最后决战中，许多参加者为戈培尔之流的蛊惑宣传和虚假承诺所欺骗，害怕布尔什维克的到来，等待解救他们的集团军开到。其他人则因为极端害怕纳粹党的迫害，被迫参加战斗。集中到城里的第 9 集团军残部、警卫队、人民冲锋队、纳粹党积极分子、"希特勒青年团"团员，被分配到各个地段，经历了这场战争中一次最可怕的战斗。

其实，柏林之战只是第三帝国的垂死挣扎罢了。希特勒新集结的集团军说到底只是徒有番号而已，人员不足额，缺乏必要的预备队，而且，成分复杂，一些仍有战斗力的部队，同伤愈归队的年轻新兵、人民冲锋队和外籍党卫军人、海空军残余及帝国施工部队中

228

抽出的补充兵员混杂在一起。他们的装备五花八门而又简陋，缺乏武器弹药，基本上丧失了机动性和战斗力。4月下旬，仓促拼凑而成的斯坦纳集团军大约只有 12000～15000 人，最多只能装备手榴弹和轻机枪，而且数量有限。因此根本无法实施有效的防御和进攻。当时，柏林曾流行一个笑话，说是有两个工人因悲观反战而将被枪决，在他们上法场的那一天，执行官说，如果他们答应以后不再说非难纳粹的话，就可以缓刑。他们允诺以后就立刻被释放了。当他们走出监狱墙外时，其中一个立刻对另一个说："我不是告诉过你吗？他们缺乏子弹了。"

戈林和希姆莱先后离开了柏林。他们异想天开，认为自己是和西方国家谈判的合适人选，于是各自去走完自己的路程。戈林曾经是希特勒的心腹，1939 年就被希特勒指定为继承人。但在战争中，一度强大的德国空军屡遭败绩，他的权势迅速式微。这位帝国元帅、空军总司令，多年来一直热衷于制作和收集各种各样的睡衣，搜罗油画等艺术珍品，还喜欢同侄子们在他公馆的掩体里玩电气轨道小火车。他的这些嗜好反映了第三帝国统治者的道德和精神状态。在离开柏林时，他没有忘记带走那些衣裳和艺术珍品。路过纽伦堡附近的老家时，他还要去看一眼那些藏在地窖里的油画。在最后关头，他搞不清楚元首指定他为接班人的法令是否继续有效，经别人怂恿，他向希特勒试探接管帝国的全部权力，以便和盟国举行和谈。但希特勒把这视为严重的变节行为，他下令废除那个有关继承人的法令，解除戈林的一切职务。后来，又传来希姆莱背着他和西方盟国接触的消息，希特勒气得脸色发白，只好拿希姆莱的联络官菲格莱茵出气，在他总理府的花园里以叛国罪枪决了这只替罪羊。希姆莱的背叛结束了希特勒的犹豫和希望，他知道一切努力都是枉费心机了。

4月16日，苏军向柏林的总攻如期开始。为了出其不意，朱可夫选择了突然夜袭的办法。苏军首先对柏林防线实行预定的炮火轰击，然后发起军队总攻。苏军使用了200余只探照灯，为坦克和步兵照清道路，同时也用来照眩敌人的眼睛，使其不能发射准确的火力。在苏军强大、迅猛的攻势下，柏林的外围防线迅速瓦解。他们的推进速度相当快，一周之内就打到了柏林近郊。少校斯米尔诺夫是一个坦克分队的指挥员，他在战斗空隙时间简洁地记下了每天战斗的情形：

今天渡过了尼斯河。追赶敌军。在4个村庄边作战。打坏了4辆德国坦克，我们没有损失。

前进了30公里；可能多推进些。战斗没有停过。我的坦克路上扑灭两个敌人的反坦克炮台；击毁了德国人的辎重车，击毙一小部分德国军队。残余的弗利茨逃散到树林里去了。没有空去捉他们。损失：寿金的坦克齿轮打坏了。他说修理好了再追上来。

推进了38公里。今天是丰收的日子。碰到在小树林里休息的德国坦克车手。我们进攻。打坏3辆坦克和2尊大炮，两辆坦克逃掉了。不要紧，追得着的。寿金不在。

推进了40公里。今天经历了6次战斗。掳获一个炮队和它的辎重，6尊大炮，许多军用车（有多少，我不知道。没有时间数）。寿金赶上了。

推进了10公里，这是多好的10公里啊！——我们到柏林城下了。终于到了！幻想了多少时候啊。俘虏一大群。多少——没有数过。没有工夫！

进行巷战。我们在柏林城里了！怎么能够快点报告给我的友人们呢！

巷战把柏林之战推入最英勇、最艰苦的阶段。红军战士从四面八方冲进德国首都。他们用重炮直接瞄准，或是夜间派工兵实施爆破，来击毁柏林城里坚固的防御工事，为步兵和坦克打开一条路。苏军还制造了一整套特殊的武器装备，如带梯子的坦克，用来进攻街垒路障。市内的街区一个个陷落，建筑一座座易手。德国人进行了拼死的抵抗，他们利用城市的复杂地形，地上和地下的各种建筑，逐街逐巷与苏军展开激烈的争夺。街道和广场上敷设了地雷，塞满了沙袋，货车和电车载满泥土和石子用作路障，反坦克炮和机枪火力从地窖里穿过板壁上的枪眼喷射出来。因此，巷战时间虽不算长，但有时却残酷到白热化的程度。每一个窗口、每一个阁楼都会有一番争夺，大街小巷的阵线不断在变动。但是，德国的残兵败将终究难以抵挡如潮水般涌进柏林的苏军，"这么庞大的军队！"茫然若失的柏林市民感叹道。越来越多的苏军战士进入城市。他们既兴奋又自豪，意识到自己是这一历史性战斗的主人和胜利者，纷纷把"我在柏林""往柏林"以及自己的名字写在坦克车、货车、大炮和墙壁上。他们把胜利的旗帜插在国会大厦的废墟上，插在勃兰登堡门楼上。

长时间待在总理府地下避弹室里的希特勒，终于走向他的末日。柏林之战打响后，他怀着绝望的侥幸心理，歇斯底里地设法堵截苏联人的进攻。幸亏还有凯特尔、约德尔、魏德林、温克等将领对他保持着一点忠诚，或者想尽一份军人的责任，否则他连作战的指挥官都没有。4月28日，魏德林斗胆提出突围的计划，希特勒反问道：如果突围成功，又会发生什么事呢？我们将从这个包围圈逃往那个包围圈，难道我，一个元首就睡在旷野，睡在一个农庄里或随便什么地方，在那里等死吗？最后，他决定信守他的誓言："我无论如何也不会在我的人民战败后还活下去。"但在结束生命之前，他还要上演一场最后的悲喜剧，于是，在地下避弹室的小牌厅里，他举行了葬礼前的婚礼。他决定同他多年的情妇爱娃·布劳恩正式结婚。有人从邻近的人民冲锋队的一个作战单位里，找来一个叫瓦格纳的小官员来主持祈祷仪式，希特勒和爱娃起誓，他们是纯雅利安人种。之后，他口述了他的政治遗嘱。他说战争是"完全由那些犹太血统的政治家或为犹太人的利益服务的政治活动家挑起的"，他说他决定留在柏林，"以身殉国"。但他却命令军队继续战斗，他正式革除了希姆莱和戈林的一切职务，任命海军元帅邓尼茨作为他的继承人。4月30日，他所统治的地方只剩下那几平方码的地堡了，苏军的一支先头部队已经出现在邻近一条街上。希特勒朝脑袋开了一枪，同爱娃一起自杀了。按照他的嘱咐，他们两人的尸体被弄到离地下避弹室不远的破败花园里焚化。这位第三帝国的元首就这样结束了他的一生。5月2日，魏德林将军把柏林的守军7万人交给斯大林格勒的保卫者崔可夫。

德国的投降只是时间和仪式问题了。艾森豪威尔只准许他的下属接受与他们交战的德军投降。这样，各地的德军就得分别向有关各方投降，不过，只要有可能，他们总是向英美方面投降。5月4

日，在丹麦、荷兰和弗里西安群岛的德军向蒙哥马利投降。5 月 5 日，凯塞林所部在慕尼黑附近向德弗斯将军投降。邓尼茨知道走投无路了，只有投降。但他想尽量争取一点时间，使尽可能多的德国士兵和平民能够逃离苏军控制区而成为西方盟国的俘虏。可是艾森豪威尔不允许找借口拖延，威胁说要封锁盟军的整个战线，用武力阻止德军继续进入西线盟军占领区避难。邓尼茨只得退让服从。5 月 7 日凌晨 2 时 51 分，约德尔在兰斯代表德国最高统帅部签署了所有战线的投降书。欧洲的战争于 5 月 8 日午夜正式结束。5 月 8 日午夜时分，朱可夫在柏林接受德国投降。艾森豪威尔派副手泰德元帅作代表。凯特尔代表德国在投降书上签字；之后，朱可夫、泰德、斯帕茨、德拉塔尔分别代表苏、英、美、法四大盟国，也一一在文件上签字。纳粹德国无条件投降了。欧洲在经历了 6 年的大浩劫之后，再次赢得了和平。

7 月 17 日至 8 月 2 日，斯大林、杜鲁门、丘吉尔（后一阶段是新任首相艾德礼）在波茨坦举行二战期间盟国最后一次三巨头会议，讨论有关战后德国的安排问题。在雅尔塔会议协商的基础上，会议决定使战后德国非武装化和非军国主义化。所有的军事和准军事力量都将解散，一切作战武器和弹药都要交出，加以销毁。德国实行非纳粹化，解散和取缔一切纳粹组织，销毁其宣传品，恢复各种基本自由权利，包括言论自由、宗教自由和组织工会的自由等等。会议决定，当务之急是惩办纳粹战犯，由盟国在纽伦堡设立特别法庭，对一切反对和平、发动战争的罪行，以及"违反人道的罪行"进行审判。

11 月 20 日，纽伦堡国际军事法庭开庭审判。在 24 个被告中，有 12 个人被判处死刑。戈林在预定绞决他的那天前夕自杀；第 12 个战犯马丁·鲍曼被缺席判处死刑，此人在战争的最后两年，一直在希特勒的身边负责元首秘书处的工作，既顽固不化，又用心险恶。其他先后被带上绞刑架的是：纳粹外交部部长尤金姆·冯·里宾特洛甫；陆军元帅威廉·凯特尔，他是普鲁士军国主义和官僚统治的象征；盖世太保首领恩斯特·卡尔登勃鲁纳，他是欧洲中古黑暗时代以来最大规模谋杀的直接指挥者；纳粹理论家阿尔弗莱德·罗森堡，他试图把纳粹主义变成一种宗教；纳粹驻波兰长官、党卫军将军汉斯·弗兰克；纳粹内政部部长威廉·弗里克；纳粹劳工高级专员弗里茨·绍克尔，他受命征集被占领国家的劳工，组织强制劳动营的奴隶劳动，血债累累；尤利乌斯·施特莱彻，他是煽动屠杀犹太人的头号刽子手；阿尔弗莱德·约德尔上将，他一直是德国最高统帅部作战处处长，希特勒的战略顾问；最后一个走上绞架的是阿图尔·赛斯－英夸特，他用铁腕手段统治荷兰，把数以万计的荷兰人送进德国的劳动营，使荷兰人民蒙受深重的战争苦难，因而无法得到宽大。

继纽伦堡审判之后，又进行了一系列清算战争罪行，昭示正义与和平的战犯审判，纽伦堡审判只是这些审判中的第一次和缩影罢了。

纳粹及其元凶发动的这场战争，对欧洲是一次前所未有的浩劫。作为第二次世界大战的策源地和主战场，欧洲的所有国家和人民都卷入了战争的灾难，他们的汗水、眼泪和鲜血抛洒在这场战争的祭坛上。在各大洲中，欧洲受到的损失最惨重：最大的战役是在欧洲进行的，最深刻和持久的动荡发生在欧洲各国。虽然西欧的损失较

德军在兰斯投降

东欧轻，但总体上说富裕、发达、文明、进步的欧洲，经历了第二次世界大战的蹂躏后，实力是大大地削弱了。

战争造成欧洲人员的大量伤亡。苏联大约有 2000 万人死亡，几乎占全国人口的 12%。波兰死了 600 万人，高达人口总数的 22%，其中在战争中阵亡的只有 60 万人，其余的主要是在集中营中被消灭的，几乎全部犹太人都被清除掉。比利时、荷兰和挪威各死亡几万人，绝大部分死于纳粹集中营和战争最后几个月在荷兰发生的饥荒。在法国，损失的人口估计为 60 万，其中 20 万战死在疆场，40 万平民被放逐，被处决，或死于空袭，这些人中包括许多妇女和儿童。有相当数量的人丧失生命，同战争的需要并没有直接联系，几百万犹太人和集中营囚犯的死亡就是这样，对这类死亡根本无法作出精确的统计。除了"直接"伤亡外，还有因出生率下降和死亡率上升造成的"间接"损失，例如，由于营养不良造成的身体衰弱，直到战争结束后好几年还在继续造成死亡，其表现形式是软骨病和肺病。在 1939—1950 年期间，估计光德国这种"间接"死亡就达 300 万人。

战争给欧洲带来物质上的巨大破坏。空袭轰炸，攻城略地，使城镇颓败，工业凋敝，田园荒芜，交通中断。在不列颠之战中，英国城市考文垂成为德国空军狂轰滥炸的代名词。而 1945 年 2 月，德国古老的德累斯顿市，也被盟国空军的轰炸所摧毁，65 万枚炸弹引起的大火使大约 135000 人丧生。以法国为例，人员伤亡虽没有一战多，但物质的损失却遍及全国。城镇中的许多地方只剩下一堆瓦砾。特别是港口，全部遭到有计划的轰炸或暗中破坏，并为沉船所堵塞。将近 51000 英里的铁路，有 23000 多英里被破坏，铁路车辆减少到

1938 年的四分之一，其他四分之三不是被毁就是运去了德国。毁坏的房屋达 100 多万幢。工业产量几乎下降到 1938 年的一半，全国的机床有 60% 被运往德国。在整个战争期间，农业平均产量大幅度下降。破坏规模之大，前所未有。

第二次世界大战对人类道义提出了重大挑战。为了赢得战争的胜利，人们生产出越来越先进的杀人器具，威力也越来越大，而这些武器可以不分青红皂白地屠杀一切人。结果，许多无辜者在战争中丧生，玉石俱焚。当科学创造出如此高效率的杀人机器时，人们考虑过他们所承担的道德责任吗？当伦敦、罗马和蒙特卡西诺古老的修道院遭到轰炸时，人们是否同时也想到他们对欧洲几千年文明应尽的义务呢？战争的正义性和人类的良知有时难以统一。而要消弭这种矛盾，就要彻底消灭战争。然而战争能够永久地消灭吗？

　　第二次世界大战中出现了人类社会最丑恶的现象之一——种族灭绝，特别是灭绝犹太民族。对犹太人的仇恨表现为一种种族优越论的偏执狂。在纳粹征服的每一个地方，党卫军即建立起集中营和附属劳动营。到1944年4月，至少有20个集中营和165个附属劳动营，像奥斯威辛、贝尔格—贝尔森等集中营，更成了纳粹灭绝人性的象征。被他们投进集中营的有各色人等：老人、儿童、孕妇、穷人、富人、中产阶级。他们的身份各式各样，职业无所不包。战争结束、把幸存者解放出来时，有一群在布痕瓦尔德集中营大难不死的孩子，他们不知道自己的名字与国籍，说一套只有他们自己才能听得懂的混杂语言，在自己推举出来的头头带领下四处晃荡，而他们的亲人早已在集中营里被集体屠杀了！纳粹主义的罪恶罄竹难书，它使人性和道义泯灭，欧洲的文明列车差一点坠入黑暗的深渊。

尘埃落定，欧洲开始重建和复兴。为了新生，人们有理由忘掉二战的恐怖和黑暗，歌颂它的宏伟场面和英雄主义。但痛定思痛，人们更有理由追根溯源，防止战争的悲剧重演。欧洲人也许该扪心自问：第二次世界大战会是美丽的欧罗巴最后一次作为世界性战争的主战场吗？欧洲还会不会成为新的世界大战的策源地？倘若能够不断这样反省下去，那也许就是对这些问题的最好解答了。

后 记

本书是我们共同努力的结果。具体分工如下：李季山（引子，第1、2、3章），陈志瑞（第5、9、10章），赵雪梅（第7、8章），黄亚红（第4、6章），因时间仓促，水平有限，不足在所难免，敬祈指正。

作 者

1994 年 11 月

[补记]

此书是几位作者 20 年前研究生学习阶段的旧作。此次承蒙主编者和出版方共同努力，得以再版，亦甚可慰。

借此机会，作者对全书作了必要的订正，根据丛书设想补充了大事记和参考书目，出版方又安排添加精彩图片，使小书更为可读。当时大家年轻，不乏热情，惜涵养不够，见识粗浅，错漏不少，敬请读者谅解。

只是书中记述的那段时光永在，历史不会过时。

作 者

2014 年 7 月

欧洲战场大事记

1918 年

11 月 11 日　第一次世界大战结束。

1919 年

1 月 18 日　巴黎和会开幕。

4 月 28 日　巴黎和会通过《国联盟约》。

6 月 28 日　《凡尔赛条约》（对德和约）签字。

9 月 10 日　《圣日耳曼条约》（对奥和约）签字。

1921 年

6 月 29 日　阿道夫·希特勒成为德国国家社会主义工人党（纳粹党）党首。

1925 年

7 月 18 日　希特勒《我的奋斗》一书出版。

1932 年

12 月 11 日　英、法、美、意四国发表宣言，承认德国在军事方面享有平等权利。

1933 年

1 月 30 日　希特勒被任命为德国总理。

2 月 27 日　国会纵火案。

3 月 4 日　罗斯福就任美国总统，实行"新政"。

6 月 22 日　纳粹党成为德国唯一政党。

7 月 15 日　英、法、德、意四国在罗马签订《四国谅解和合作条约》。

10 月 14 日—19 日　德国退出国际联盟，并从裁军会议撤离代表。

11 月 16 日　苏、美建立外交关系。

1934 年

8 月 2 日　德国总统兴登堡去世。

8 月 19 日　希特勒被宣布为德国元首。

10 月 1 日　希特勒命令建立空军，扩充陆军和海军。

1935 年

2 月 26 日　德国废除《凡尔赛条约》中关于限制德国军备的条款。

3 月 16 日　德国公布《国防军法》，实行普遍兵役制，开始公开重整军备。

6 月 18 日　英、德签订海军协定。

10 月 3 日　意大利军队侵入阿比西尼亚（埃塞俄比亚）。

1936 年

3 月 7 日　德国撕毁《凡尔赛条约》和《洛迦诺公约》，进兵莱茵非军事区。

3 月 25 日　英、美、法在伦敦签订海军条约。

7 月 18 日—1939 年 3 月 28 日　德、意法西斯武装干涉西班牙。

10 月 25 日　德、意签订共同协定（"柏林—罗马轴心"）。

11 月 25 日　德、日签订《反共产国际协定》。

1937 年

5 月 28 日　英国首相鲍尔温辞职，张伯伦组阁。

11 月 6 日　意大利加入《反共产国际协定》，"柏林—罗马—东京"侵略轴心形成。

1938 年

2 月 4 日　希特勒撤换军队高级将领，自任最高统帅。

3 月 12 日　德国入侵奥地利，宣布与奥地利"合并"。

4 月 23 日　德国策划捷克苏台德地区"自治"。

5 月 30 日　希特勒批准侵略捷克斯洛伐克的计划——"绿色方案"。

8 月 12 日　德国军事动员。

9月29日—30日 英、法、德、意四国签订《慕尼黑协定》。

10月1日 德军进占苏台德地区。

1939 年

3月15日 德军入侵布拉格，占领波希米亚、摩拉维亚。

3月23日 波兰拒绝德国关于格但斯克（但泽）问题的建议。

4月28日 德国废除《波德互不侵犯条约》和《英德海军协定》。

5月22日 德、意签订军事同盟（钢铁公约）和经济合作条约。

8月12日—21日 英、法、苏在莫斯科举行军事会谈。

8月23日 苏、德签订《苏德互不侵犯条约》。

9月1日 德军入侵波兰，第二次世界大战全面爆发。

9月3日 英、法、澳大利亚、新西兰对德宣战。

9月5日 美国声明保持中立。

9月9日—28日 波兰军队及华沙居民进行华沙保卫战。

9月17日 苏军越过西部边界，进军波兰东部地区。

9月27日 德军攻陷华沙。

9月28日 苏、德签订划定波兰国界的条约。

10月14日 德国潜艇在斯卡帕湾击沉英国战列舰"皇家橡树"号。

11月3日 美国修改中立法，按"现购自运"的条款，从美国自由输出军用物资。

1940 年

2月24日 德国制定进攻西欧作战计划。

3 月 20 日　法国总理达拉第辞职，雷诺组织新政府。

4 月 9 日　德军入侵丹麦和挪威。

5 月 10 日—6 月 22 日　德军进攻荷兰、比利时、卢森堡和法国。

5 月 10 日　英国首相张伯伦辞职，丘吉尔任首相。

5 月 15 日　荷兰对德投降。

5 月 26 日—6 月 4 日　英、法军队自敦刻尔克撤退。

5 月 28 日　比利时对德投降。

6 月 10 日　意大利对英、法宣战。

6 月 10 日　挪威投降，政府流亡英国。

6 月 14 日　德军攻陷巴黎。

6 月 16 日　法国总理兼国防部长雷诺辞职，贝当接任总理。

6 月 17 日　苏军占领爱沙尼亚、拉脱维亚和立陶宛。

6 月 18 日　戴高乐在伦敦成立自由法国运动，号召抗德。

6 月 22 日　德、法在贡比涅签订停战协定。

7 月 1 日　法国贝当政府迁至维希。

7 月 12 日　苏、英缔结关于在反对德国侵略战争中协同行动的决议。

7 月 16 日　希特勒命令 8 月中旬完成进攻英国的"海狮"作战计划。

7 月 21 日　希特勒命令制定进攻苏联的作战计划。

8 月 7 日　英国同意戴高乐组织自由法国军队。

8 月 12 日　不列颠空战正式开始。

9 月 3 日　英、美就英向美提供在大西洋属地的军事基地换取美

50 艘驱逐舰问题达成协议。

9 月 7 日　德空军开始大举轰炸伦敦。

9 月 27 日　德、意、日在柏林缔结军事同盟条约。

10 月 12 日　希特勒将"海狮"计划推迟到 1941 年 4 月执行。

12 月 8 日—1941 年 2 月 10 日　英军在北非进攻。

12 月 18 日　希特勒批准对苏作战计划——"巴巴罗萨"计划。

12 月 29 日　罗斯福发表演说，主张美国成为民主国家的兵工厂。

1941 年

1 月 13 日—28 日　德军入侵保加利亚。

3 月 11 日　罗斯福签署《军火租借法案》。

3 月 31 日—4 月 15 日　德、意军队在昔兰尼加（北非）进攻。

4 月 6 日　德军入侵希腊和南斯拉夫。

5 月 10 日　德国纳粹头目赫斯飞往伦敦。

6 月 22 日　德国法西斯进攻苏联，苏德战争爆发。

6 月 22 日　意大利对苏宣战。

6 月 22 日　英国发表声明，支持苏联对法西斯德国作战。

6 月 23 日　美国发表声明，支持苏联对德作战。

6 月 27 日　南斯拉夫成立人民解放游击队总司令部，铁托任总司令。

6 月 30 日　苏联成立国防委员会。

7 月 3 日　斯大林发表关于对德战争的广播演说。

7 月 7 日　美军进驻冰岛，接替英军防务。

7月10日—1944年8月10日　苏军实施列宁格勒保卫战。

7月12日　苏、英在莫斯科签订军事协定。

8月2日　苏、美达成军事经济互助和对苏进行物资支援的协定。

8月12日　罗斯福、丘吉尔签署《大西洋宪章》（美、英关于对德战争目的的宣言）。

9月7日　英空军轰炸柏林。

9月29日—10月1日　苏、英、美在莫斯科就苏租借武器问题举行会谈。

9月30日—1942年4月20日　莫斯科会战。

11月18日—1942年1月10日　英军向利比亚德意军发动进攻，即"十字军"行动。

12月7日　日本偷袭美国珍珠港，太平洋战争爆发。

12月8日　美、英对日宣战。

12月11日　德、意对美国宣战。

12月11日　美国对德、意宣战。

12月11日　德、意、日签订共同进行战争协定。

1942 年

1月1日　苏、美、英、中等26国代表在华盛顿签署《联合国家宣言》。

1月18日　德、意、日签订新的军事协定。

2月6日　美、英军联合参谋总部在华盛顿成立。

5月26日　苏、英在伦敦签订互助条约。

6月12日 苏、英和苏、美公布关于苏英条约、苏美合作协定以及关于1942年在欧洲开辟第二战场的协议。

7月17日—1943年2月2日 斯大林格勒会战。

8月12日—15日 丘吉尔到达莫斯科，英、美、苏三国举行会谈。

10月23日—11月11日 英军发动阿拉曼战役。

11月8日 英、美军在北非登陆，实施"火炬行动"。

1943年

1月14日—24日 罗斯福、丘吉尔、戴高乐在摩洛哥卡萨布兰卡举行会谈，宣布结束战争的条件是德国无条件投降。

3月20日—5月13日 美、英、法军队在突尼斯展开进攻，德、意军在非洲失败。

7月10日—8月17日 美、英军实施西西里岛登陆战役。

7月25日 墨索里尼下台，成立以巴多格里奥为首的意大利政府。

8月14日—24日 罗斯福、丘吉尔在加拿大魁北克会谈，讨论开辟第二战场问题。

8月17日 美军攻占墨西拿。

9月3日 美、英军在意大利南部登陆。

9月8日 意大利巴多格里奥政府向盟国投降。

10月13日 意大利巴多格里奥政府对德宣战，苏、英、美承认。

11月22日—26日 美、英、中三国政府首脑在开罗举行会议，发表《开罗宣言》。

11月28日—12月1日　苏、美、英三国政府首脑在德黑兰举行会议，发表《德黑兰宣言》。

1944 年

6月4日　美军占领罗马。

6月6日—7月18日　美、英军实施诺曼底登陆战役，开辟第二战场。

8月15日　盟军在法国南部登陆。

8月21日—10月7日　苏、美、英和中、美、英代表分别在华盛顿郊区敦巴顿橡树园举行会议。

8月25日　盟军攻占巴黎。

8月25日—10月5日　美、英军在意大利突破德军"哥特防线"。

8月28日　美、法军在法国南部攻占土伦和马赛。

9月9日　法国成立以戴高乐为首的临时政府。

9月11日—16日　罗斯福、丘吉尔举行第二次魁北克会议。

10月4日　英军在希腊登陆。

10月14日　英军占领雅典。

1945 年

2月4日—11日　苏、美、英政府首脑举行雅尔塔会议，签订《雅尔塔协定》。

2月23日　美、英军对德军齐格菲防线展开进攻。

4月9日—5月2日　美、英军在意大利北部进攻。

4月12日　美国总统罗斯福逝世，由副总统杜鲁门继任。

4月16日　美、英军进抵易北河。

4月16日—5月8日　苏军进行柏林战役。

4月25日　苏军与美军在易北河托尔高会师。

4月25日—6月21日　51国代表在美国旧金山召开联合国制宪会议，签署《联合国宪章》。

4月28日　墨索里尼被处死。

4月29日　意大利境内德军签署投降书。

4月30日　希特勒和戈培尔在柏林自杀。

4月30日　苏军在柏林攻占国会大厦。

5月2日　苏军占领柏林。

5月8日　德军最高统帅部代表在柏林近郊签署无条件投降书，第二次世界大战欧洲战事结束；欧洲胜利日。

6月5日　苏、美、英、法四国在柏林发表关于管制德国的联合声明。

7月17日—8月2日　苏、美、英三国政府首脑举行波茨坦会议，签署《苏英美三国波茨坦会议议定书》。

主要参考书目

1. 解力夫著:《希特勒上台记》,四川人民出版社 1992 年。

2. 罗红波著:《墨索里尼》,浙江人民出版社 1997 年。

3. 朱光庭主编:《法西斯体制研究》,上海人民出版社 1995 年。

4. [德] 安妮·弗兰克著,彭淮栋译:《安妮日记》,海南出版社 1996 年。

5. [法] 戴高乐著:《战争回忆录》,世界知识出版社 1981 年。

6. [美]《读者文摘》社编,冯之丹等译:《秘密与间谍:第二次世界大战的幕后的故事》,商务印书馆 1985 年。

7. [美] 德怀特·艾森豪威尔著:《远征欧陆——第二次世界大战回忆录》,三联书店 1975 年。

8. [美] 格哈特·温伯格著:《希特勒德国的对外政策》(上编),商务印书馆 1992 年。

9. [美] 格哈特·温伯格著:《希特勒德国的对外政策》(下编,上下册),商务印书馆 1997 年。

10. [美] 拉迪斯拉斯·法拉戈著,张志明、王蜀生等译,过家鼎校:《巴顿将军》,中国对外翻译出版公司 1984 年。

11. ［美］罗伯特·达莱克著：《罗斯福与美国对外政策（1932—1945）》，商务印书馆 1984 年。

12. ［美］斯蒂芬·安布罗斯著：《艾森豪威尔传》，中国社会科学出版社 1989 年。

13. ［美］威廉·夏伊勒著，董乐山等译：《第三帝国的兴亡》，世界知识出版社 1980 年。

14. ［西德］莫勒编，文川编译：《纳粹元帅沉浮记》，军事译文出版社 1984 年。

15. ［意］恩佐·克罗迪著，文心译：《希特勒与纳粹主义》，三联书店 2006 年。

16. ［英］A. J. P. 泰勒著，潘人杰、朱立人、黄鹂译：《第二次世界大战的起源》，上海辞书出版社 2013 年。

17. ［英］安东尼·里德著，刘其中译：《露茜行动：第二次世界大战中最秘密谍报网》，军事译文出版社 1985 年。

18. ［英］戴维·欧文著：《隆美尔》，解放军出版社 1984 年。

19. ［英］亨利·莫尔著，尚钢译：《第二次世界大战的重大战役》，上海译文出版社 1983 年。

20. ［英］李德·哈特著，钮先钟译：《第二次世界大战战史》，上海人民出版社 2009 年。

21. ［英］伦纳德·莫斯利著，曾诚、赵鹏译：《不列颠战役》，解放军文艺出版社 1992 年。

22. ［英］罗纳德·卢因著，熊秉慈译：《蒙哥马利》，解放军出版社 1990 年。

23. ［英］特莱弗·罗珀著，龚新康、孙宇译：《希特勒的末日》，群众出版社 1985 年。

24. ［英］温斯顿·丘吉尔著:《第二次世界大战回忆录》, 译林出版社 2012 年。

25. Antony Beevor, *D-Day: The Battle for Normandy*, Viking, 2009.

26. Antony Beevor, *The Second World War*, Weidenfeld and Nicolson, 2012.

27. Donald Sommerville, *The Complete Illustrated History of World War Two: An Authoritative Account of the Deadliest Conflict in Human History with Analysis of Decisive Encounters and Landmark Engagements*, Lorenz Books, 2008.

28. Jeremy Black, *World War Two: A Military History*, Routledge, 2003.

29. Mark Mazower, *Hitler's Empire: Nazi Rule in Occupied Europe*, Allen Lane, 2008.

30. Martin Collier and Philip Pedley, *Germany 1919—1945*, Heinemann, 2000.

31. Norman Davies, *No Simple Victory: World War II in Europe, 1939—1945*, Penguin Books, 2008.

32. Richard J. Evans, *The Third Reich at War: How the Nazis Led Germany from Conquest to Disaster*, Penguin, 2009.

33. Stephen Budiansky, *Battle of Wits: The Complete Story of Codebreaking in World War II*, Free Press, 2002.

34. Thomas R. Christofferson and Michael S. Christofferson, *France during World War II: From Defeat to Liberation*, Fordham University Press, 2006.

35. Zachary Shore, *What Hitler Knew: The Battle for Information in Nazi Foreign Policy*, Oxford University Press, 2005.